U0897767

2017 山东省社会科学规划研究项目
“泛传播时代手机网络对大学文化生态影响的研究”，编号 17CWTJ06

传播技术与大学文化生态

王菁华◎著

中国海洋大学出版社
·青岛·

图书在版编目(CIP)数据

传播技术与大学文化生态 / 王菁华著 . —青岛：中国海洋大学出版社，2017.9（2018.8 重印）

ISBN 978-7-5670-1576-0

Ⅰ. ①传… Ⅱ. ①王… Ⅲ. ①传播学—关系—高等学校—校园文化—研究—中国 Ⅳ. ①G206 ②G647

中国版本图书馆 CIP 数据核字(2017)第 231014 号

出版发行	中国海洋大学出版社		
社　　址	青岛市香港东路23号	**邮政编码**	266071
出 版 人	杨立敏		
网　　址	http://www.ouc-press.com		
电子信箱	465407097@qq.com		
订购电话	0532-82032573（传真）		
责任编辑	董超	**电　　话**	0532-85902342
印　　制	北京虎彩文化传播有限公司		
版　　次	2017年9月第1版		
印　　次	2018年8月第3次印刷		
成品尺寸	166 mm × 240 mm		
印　　张	11.75		
字　　数	192千		
印　　数	3 651—4 200		
定　　价	28. 00元		

发现印装质量问题，请致电 18600843040，由印刷厂负责调换。

序 言
Preface

我对传播技术和大学文化一直非常感兴趣。因为我认为尽管传播技术是一种社会技术,不特别针对高等教育,但高等教育主要是通过传播技术发挥其功能的,所以,传播技术对高等教育有着特殊的意义。大学文化不但是社会的亚文化,是高等教育功能孕育的摇篮,而且还可能是社会新文化的发祥地和开路先锋。但不论是关于传播技术还是关于大学文化,我都是观察和思考较多,写的很少。所以,当老朋友王菁华教授委托编辑将他的新作《传播技术与大学文化生态》转给我并嘱我写几句话的时候,我没有犹豫就答应了,因为关于这本书的主题我确实有话要说。

正如王教授在他的书中所说,传播技术不是现在才有的,而是与人类同在的。众所周知,传播技术多种多样,口头表达、书面表达、飞鸽传书、“八百里加急”、邮政通信、报纸杂志、广播电视、网络媒体等都是传播技术,但能够被用于高等教育的并不多。高等教育是高层次的专门人才培养活动,人才培养主要是通过师生共同的知识活动实现的,能够被用于师生知识活动的传播技术才能被称为高等教育的传播技术。毫无疑问,口头表达、书面表达曾经是高等教育最主要的传播技术,时至今日,仍然是高等教育的主要传播技术。高等教育从产生到现在已有近400年的历史，但在绝大多数时间里，传播技术是没有什么变化的，所以，高等教育发展几乎处于一种超稳定状态，高等教育的功能形式和辐射范围一直比较固定，几乎没有什么变化。这样说并不是要否认早期的传播技术对高等教育的作用，恰恰相反，它说明了传播技术的变化对高等教育发展发挥着重要的促进作用。

在早期的高等教育中，知识的总量和门类比较少，知识的表现形式比较单一，师生活动的媒介和范围比较有限，所以，口头表达和书面表达几乎是高等教育可以利用的全部传播技术，教师通过讲授技术向大学生传播知识，师生通过口头和书面信息交流反映教学情况，反馈学业成果。这种状况在科技革命和工业革命以后的很长一段时间里甚至都没有什么改变，正因为如此，高等教育维系了小规模、精英化的办学目的。从17世纪中期到20世纪中期，尽管社会传播技术，包括军事传播技术都有了很大进步，比如，电话、电报、广播电视以及雷达遥感、航空航天等都在社会相关部门得到了运用，但高等教育的传播技术却没有大的变化。当然，这样说也许是有失公允的，因为至少印刷技术的普及化和广泛应用对高等教育发展是有很大积极意义的，不过要说对高等教育发展产生重大影响的传播技术，恐怕还真得等到广播电视技术、信息技术、互联网技术等在高等教育发展中得到采用。

广播电视技术与高等教育的结合可以说带来了高等教育发展的第一次革命。在此之前，受传播技术所限，高等教育只能在大学校园发挥其功能，要接受高等教育只能到大学。尽管19世纪后期开始出现的函授高等教育、邮政传播技术对高等教育发展发挥了一定的积极作用，但这没有改变高等教育的性质。广播电视高等教育的发展使远程教育具有了广泛的社会意义，高等教育受众面可以覆盖广播电视信号能够传播到的地方，除了距离不再是一个主要问题外，师生的知识活动的方式和知识载体等都发生了重大变化。远程教育不但满足了不能进入大学校园接受高等教育的学习者的需要，而且也为大学校园教育提供了新的教学媒介，比如，一些大学在学生的教学计划中包括了一定学分和课程的远程教育。广播电视技术与高等教育的结合丰富了高等教育的形式和内容，改变了高等教育只为极少数人服务的性质，为高等教育大众化和普及化发展提供了强有力的技术支持。

信息技术和互联网技术与高等教育的结合可能带来高等教育发展的第二次革命。很多人以为它的影响主要表现在慕课、翻转课堂等教学形式与方法上,其实不然,信息技术和互联网技术对高等教育能量的增大不能用常规思维来想象,慕课和翻转课堂等还只是揭开了新的高等教育发展的序幕。在卫星和光纤通信技术的支持下,由信息技术和互联网技术所承载的高等教育犹如插上了翅膀,辐射到互联网所覆盖的世界各个角落,新的信息存储技术能够将海量的文字、音频、视频资料等存储于云端,人们只要在一台电脑终端和手机上就可以随时随地接受他们所希望的高等教育。这已不是传统的大学校园教育所能实现的,也不是用地区、国家高等教育体系所能解释的现象,高等教育的供给者,即传统的办学者可能不再只是大学,不再受地区、国家的限制,真正国际化和全球化的高等教育时代正在孕育之中。

传播技术对高等教育的意义如此之重要,但令人遗憾的是,高教界对传播技术的关注太少了,即便在信息技术和互联网技术越来越发达的今天,人们主要还是从纯技术影响的角度在看待信息技术和互联网技术与高等教育的结合。王教授在本书中对传播技术进行了历时性的考察,系统地研究了从早期的传播技术到今天的信息技术和互联网技术的发展和变化。尽管他重点研究的是传播技术对文化和大学文化发展的影响,尤其是网络传播技术所带来的大学文化生态的变化,但他将视角确定在传播技术上已属难得,特别是他能系统地梳理传播技术的演变,探讨传播技术与大学文化发展的辩证关系,更是难能可贵。

王教授研究的落脚点在大学文化。大学文化是一个众说纷纭的东西,不论是大学人还是局外人,都能对大学文化评头品足,见仁见智。王教授从传播技术角度研究大学文化,可谓独辟蹊径,他对网络传播技术以及网络文化与大学文化及其生态的关系进行了多方面的阐述,有自己独到的见解,尤其是关于网络文化对大学文化生态的积极作用与消极影响的论述给人以启示。

我对网络文化关注较少,但对大学文化思考较多。大学是社会文化的物化象征。社会文化既存在于书籍文献中,又存在于人们口口相传的掌故传说中,还存在于物化的社会组织中。大学是重要的社会文化的物化组织,一座城镇如果有一所大学存在,这座城镇就被认为是一座文化城镇。牛津大学之于牛津市、剑桥大学之于剑桥市、哈佛大学和麻省理工学院之于麻州的剑桥市、厦门大学之于厦门市，等等，都强烈地展示了大学的文化意义，这些大学在当地和其他地方都享有社会高层次文化符号的美誉。作为高等教育机构，为了达成培养高级专门人才的教育目的，大学不仅汇聚了大批学者、专家从事教育教学工作，购买和添置数量巨大的图书资料和仪器设备，以满足教育教学需要，而且还大兴土木，建设庞大而舒适的教学用房和办公生活用房，建设优美适宜的校园环境，以保障人才培养工作的有效开展。因此，大学的文化意义既表现在其师资队伍、图书资料和仪器设备上，又表现在其建筑和环境上。北京大学的燕园和“一塌糊涂”（一塔、一湖、一图书馆）、清华大学的工字厅和“二校门”、厦门大学的集贤楼群和建南大会堂楼群等都不只是教学场所和园林景观那么简单，它们承载了太多的社会文化意义。大学的文化意义还表现在大学生身上，大学担负着传播和传承人类文化与文明的使命，“铁打的营盘，流水的兵”，一届又一届的大学生接受了大学的文化洗礼，将人类文化与文明届届相传，生生不息。一所大学往往就是一座城镇的文化精神所在，是一个社会的文化堡垒。

大学不只是文化的符号和标记，作为社会文化组织，它还承载了重要的文化使命，主要表现在：第一，文化传承与传播。大学以传承和传播文化为桥梁，达成其培养人才的目的，所以，文化传承与传播对大学有着十分特别的意义，在培养人才的同时，又完成了文化的传承和传播，达到了一举两得的功效。第二，文化整理与保存。大学的文化传承与传播是在文化整理与保存的基础上实现的。文化的传承与传播是结构化、有序展开的，这得益于文化的整理与保存。为了提高人才培养的有效性，大学组织师资力量从浩如烟海的人类文化中，根据人才培养的需要，编写教材，编撰教学参考书，整理相关文献资料，编制各种教学资源，供师生循序渐进地教学，组织教学活动。这种文化整理与保存活动不仅支持了文化传承与传播，而且为文化的进一步发展指明方向。第三，文化创新。大学的文化创新可以在校外进行，也可以在校内进行，以高等教育为目的的文化创新是大学在人才培养过程中实现的。在人才培养过程中，师生围绕学科专业的一些疑难问题进行探究性教学，一方面培养大学生的探究精神和研究解决问题的能力，另一方面也追求问题的解决，以发展、创新文化。大学教学科研人员开展的专门的科学研究工作，也具有文化创新的意义。第四，文化的国际交流。大学通过组织国际的文化交流,促进国际文化的相互学习、相互理解和相互融合。文化的国际交流还有助于不同国家的大学师生开阔视野,相互取长补短,实现共同发展与进步。

如此而言,大学文化及其生态实则是大学生命所系,大学功能的实现在很大程度上取决于大学文化及其生态的状况。营造优良的大学文化和生态对大学履行人才培养、科学研究和社会服务职能具有重要影响。与高等教育一样,今天的大学文化可能正在发生革命性的变化,大学文化生态越来越表现出不同于传统的形态,用王教授的话来说,就是一种泛传播时代大学文化正在成长,比如,大学手机文化受到年轻的大学生的青睐,对大学生的学习、生活、思想、行为方式产生了深远影响,甚至对高校课堂文化、师生关系及思想政治教育等提出了挑战。因此,研究大学文化及其生态问题,揭示其性质、要素、结构、功能及运行规律,对于加强大学文化建设,提升大学的文化品位,弘扬大学精神有着重大意义。尤其是在信息技术和互联网技术与高等教育结合日益紧密的今天,大学文化及其生态本身的变化和发展更应当受到重视。

有鉴于此,我必须强调,这本书的主题非常有意义,作者对传播技术和大学文化及其生态的研究,尤其是关于互联网技术与泛传播时代的大学文化及其生态变革的阐述能够给人很多启迪。当然,不可否认,传播技术与高等教育的关系、传播技术对大学文化的影响、信息技术和互联网时代大学文化及其生态的发展变化等都是非常重大的高等教育研究选题,不能指望一本书能将它研究清楚,研究中也还有一些值得推敲的地方,有的观点还需有更严谨的论述,还需要补充更充分的论据。但瑕不掩瑜,这是一本能够启发人思考的新书。

厦门大学教育研究院教授

别敦荣

于武汉市洪山区喻家山喻园

2017 年 7 月 28 日

目 录
Contents

第一章 引 言

一、研究背景和意义 / 001

二、文献综述 / 002

三、研究思路、方法和创新点 / 006

第二章 传播技术的时代变迁

一、传播技术的历史变迁及对文化发展的影响 / 007

二、网络传播技术的特征及发展 / 021

三、手机网络传播的文化特征及媒介特点 / 033

第三章 网络时代的大学文化生态

一、大学文化生态的内外部形成机制 / 046

二、大学文化生态系统的功能性阐释 / 054

三、网络文化在大学校园文化生态系统中的地位和作用 / 064

第四章 传播技术与大学文化的辩证关系

一、传播技术对大学文化生态的辩证关系 / 077

二、消解传播技术给大学文化生态带来负效应的具体对策 / 091

第五章　泛传播时代的大学校园文化与学生发展

一、泛传播时代大学校园文化的特征和机制发展　/ 108

二、大学校园中手机文化的形成和发展　/ 118

三、泛传播时代大学校园文化建设与学生发展的新型互动关系　/ 129

第六章　未来传播技术与大学文化生态

一、传播技术的未来走向——“移动互联网＋教育”时代的到来　/ 141

二、未来传播技术影响下大学文化生态建设　/ 157

参考文献　/ 170

后记　/ 173

第一章　引　言

一、研究背景和意义

20 世纪人类最大的嬗变是传播对人类社会和人类生活的全面渗透。进入 21 世纪，随着全球化、信息化和生态化的发展，技术层对文化层的影响越来越大，各种新技术、新媒体不断涌现，广泛应用于日常生活，在潜移默化中极大地改变了人们道德伦理观念以及人与人之间的关系，各种各样的文化奔突而来，引起了人们的焦虑和关注。在新世纪，透过传播认知文化、认知社会和人类自身，将成为人类认识史上的一场变革。

传播技术本身也是社会文化的一部分，传播技术对社会文化（主要指行为规范、心理意识、价值观念等文化的核心内容）的作用总不是直接表现出来的，它总是具体落实在某种传播形态、传播媒介上，在观察人类文明的发展进程中，我们可以清晰地看到几乎与其同步发展的是人类传播媒介发展的历史。世界进入全球化时代以来，文化受到传媒的影响越来越明显，我们已经习惯于生活在传播的汪洋大海中，以至于很难想象要是没有传播，我们将怎样生活。文化需要传播得以延续和发展，而传播也需要文化得以丰富和生动。审视中国和世界文化传播的理论和实践，面对沧桑的历史和未定的将来，我们思考文化传播，不仅是思考现在，也是思考历史、思考未来。

早在 19 世纪五六十年代，英尼斯和麦克卢汉开创了从媒介技术史的角度来考察人类文明史和社会发展史的先河，本书分析了媒介技术变迁对社会文化的影响，进而推进到对大学文化生态的影响，借鉴的就是技术传播学的分析方法。一方面由于这种方法为从传播学角度研究文化提供了好的切入点——传播技术;另一方面在于,迄今为止我国的传播研究大多属于新闻传播领域,缺少批判精神和形而上的哲学关怀,从哲学和文化视域对其进行系统的研究依然是一个有待开拓的学术“疆域”,而且在国内学术界,传播学和新闻学并举,较少有中国具体历史背景,而研究科学认识的方法或科技本身发展规律的哲学也少有传播学的知识。可以说,当代中国文化传播的理论严重滞后于中国文化传播的实践,这就导致无论在理论层面还是在实践层面都碰到了许多亟待解决的难题。本书的宗旨就是以传播技术为切入点,以中国社会历史发展为背景,透过人类纷繁复杂的文化现象,揭示出科技发展、媒介变迁与社会文化的内在关联,又推进到大学校园这个特殊环境,聚焦到媒介对大学文化生态的意义和影响的研究,从而使我们在预测和把握媒介传播方面能处于一个更加有利的位置,有助于提高传播决策化水平,增强信息传播的效果,从而更好地开发和利用信息资源为繁荣大学文化服务,并坚持正确的舆论导向,为繁荣社会主义文化事业服务。

二、文献综述

1. 关于传播媒介历史变迁的研究成果

传播技术是指人类在传播过程中使用的科学技术。这些技术包括对传播信号存在形式、传播媒介、传播途径、传播过程控制、传播终端等方面的设想和改进。传播技术的变迁总是以传播媒介变化为标志,传播媒介是指介于传播者与传播对象之间的用以负载、传递、延伸、扩大特定符号的物质实体,具有实体性、中介性、负载性、还原性和扩张性等特点。

对于传媒发展史的阶段划分,具有代表性的有以下几种:樊葵认为人类传播大致经由前语言传播时代、口语传播时代、手抄文字时代、印刷文字传播时代、电子传播时代而进入今天的数字网络传播时代;韩红星认为,文化传播依赖于传播载体和手段的不断变革,根据其传播载体的不同,文化传播可分为三个时期,即手写文明时期、印刷文明时期和网络文明时期;肖重斌在《大众传播媒介的四次革命》中,又根据传播媒介的变迁,把大众传媒细分为报刊的革命(以报纸为主)——纸质媒介时期、广播的革命——电磁波拟声音时期、电视的革命——电磁波模拟音像时期和网络的革命——数字媒介时期,并对大众传播媒介的四次革命所带来的影响进行了分析。以上学者关于传播媒介历史变迁的研究成果,为本书提供了重要的理论依据，其关于传播媒介的发展历程的划分方法也为本书提供了重要借鉴。传播媒介的发展经历了由简单到复杂的过程，根据媒介的性质，本书把人类文化传播史分为口语传播时期、印刷媒介时期、电子媒介时代以及数字媒介时代。需要说明的是，这里所进行的阶段划分，是对在某一特定时期里承载人类信息的主要媒介形态而言的。如在电子媒介阶段，人们传递和获取信息的主要手段为电话、广播、电视等，但这并不能取代人与人之间面对面的交流，也无法改变许多人阅读纸质媒介的习惯，每一种新媒介的出现都会给现存媒介的信息传递形式和内容造成巨大冲击，不过传统媒介并不都会被淘汰，它们往往因其独特的优势和人们的使用习惯长期与新媒介并存。

2. 关于社会文化和传播技术的关系研究

对于文化与传播的关系，传播学开创人之一威尔伯•施拉姆认为，文化传播是社会得以生成的工具，文化一经产生就有一种向外扩散和传递的冲动；社会学家查尔斯•科利认为，文化传播是人类关系赖以存在和发展的机制，是一切智能的象征和通过空间传递它们及通过时间保存它们的手段；人类学家爱德华•萨丕尔强调，每一种文化形式和每一种社会行为的表现，都或清晰或含糊地涉及传播；庄晓东认为，文化与传播是互动的和一体的。文化是传播的文化，传播是文化的传播。没有文化的传播和没有传播的文化都是不存在的。一方面，文化的形成和发展受到传播的影响。传播促成文化整合、文化增值、文化积淀、文化分层、文化变迁和文化“均质化”。传播对文化的影响不仅是持续而深远的，而且是广泛而普遍的。另一方面，文化对传播也有着十分重要的影响，这种影响体现在传播者对传播对象的文化意义，同时还体现在传播媒介及传播过程之中。传播与文化的互动表明：文化与传播在很大程度上同质同构、兼容互渗。从这个意义上我们可以说，文化即传播，传播即文化。文化的传播功能是文化的首要的和基本的功能，文化的其他功能都是在这一功能的基础上展开的。

王德胜认为，科学技术作为文化的组成之一，它的突破和发展，必须有赖于科学技术文化及时、有效地传播，而社会的主要传播手段的突破与发展，势必推动和促进科学技术的创新和变革，每一次传播介质、传播手段的突破，往往会迎来一次翻天覆地的文化大发展。庄晓东认为，探讨科学技术与文化的互动关系，在科学技术哲学及文化学研究与建设中一直是热点问题，但长期以来对于该问题的讨论侧重于科技史或是文化史的考察，理性分析显得不够，并且大多是从对立统一关系出发进行宏观层面的探讨，而对于这种辩证关系的实质即科技与文化具体究竟是如何对立、统一的，其具体原因、状态、形式、类型与影响如何等内在逻辑机制缺乏足够的论证与说明。

吕富彪认为科学技术与文化发展已处在变革的十字交叉点上，形成了路口上的“奥列斯特情结”。当代人类面临的环境污染、资源枯竭、生态危机，无不与现代科技的无节制使用有直接关系。现代科技也给人类生存造成了严重威胁，它所引起的负面效应成为笼罩在人类心理与文化中的阴影。李春媚从文化的层面、批评的角度，通过对媒介批评理论的梳理，以及对报纸、广播、电视、互联网等四大媒介的剖析，来探询当代大众传媒的本质属性、文化价值和美学意义，并对当前特定文化语境下日渐凸显的传媒问题做了一些思考。她认为，大众传媒是一把双刃剑，我们在享受着它带来的福祉，也承受着它无尽的伤害。工具理性威胁、经济原则的制约、人性深度的消解、传播霸权的延续等问题足以让我们警醒：媒介也是面向未来的，人类社会要求发展以人为中心的、人性化的媒介以达到人的最佳延伸；媒介也应塑造一种健康、多元的、具有聚合力和扩展性的媒介文化。

尼古拉·尼葛络庞帝的《数字化生存》，比尔·盖茨的《未来之路》，严耕、陆俊、孙伟平的《网络伦理》，郭良的《网络创世纪——从阿帕网到互联网》，孙伟平的《猫和老鼠的新游戏——网络犯罪及其治理》，李伦的《鼠标下的德性》等，这些文章和著作对网络和网络社会以及网络伦理的现状、发展做了深入的说明、分析和研究，为本书的写作提供了十分有益的借鉴。而文献中对于大学文化生态，传播技术和大学文化生态的关系及相互之间存在的影响研究少有涉猎，这也为本书的写作提供了空间。

3. 关于大学文化生态的相关研究

生态，是现代科学的一个概念，是指生物的生存状态，包括生成条件、相互关系等，是机体与环境相互适应的状态以及适应过程中的相互关系，由德国生物学家海克尔于1866年正式提出。良好的生态环境是生物生存和发展的基础，生态环境不佳，不仅影响生物本身的发展而且影响生物的生存。20世纪80年代，美国社会学家朱利安·斯图尔德提出了文化生态的概念，其理论核心是指将全球文化圈视为一个整体的大文化生态系统，鼓励呈现文化的多样性，实现整个文化系统协调发展。从本质上说文化生态就是一个影响文化产生、发展的自然环境、科学技术、生产体制、社会组织及其价值观念等不同的变量共同构成的完整的体系。大学作为文化的传承、传播和创造者,其校园文化是社会文化生态系统中的子系统,必然也存在着自己的生态,各生态因子之间相互作用、相互影响,共同构成了大学文化的生态系统。大学文化生态体系作为一个规范的学术概念加以提出,其核心思想是将大学文化看成有机运动的文化功能整体,对大学文化生态体系的研究不仅是大学文化发展的价值追求,还是对大学文化发展的客观规律的把握。

目前,国内外学者对大学文化生态的研究较少,从文化生态学视角来解读大学文化的研究更是少之又少。湖南科技大学的何频教授在此方面的研究比较突出。在《文化生态学视野下的大学文化建设》一文中,何频指出应从教育学的视角向文化学的视角转变,将大学文化置于文化生态学的视野之下研究文化发展的规律。在《大学文化生态化建设的运行机制研究》中,他指出,大学文化生态建设要处理好保障机制、信息反馈机制、舆情处置机制、调整控制机制和评估监督机制建设。傅林在《大学文化的生态解读——以西部民族地区高校大学文化为例》中认为生态视野下的大学文化应该是独特的、多元的、和谐的,应传承和弘扬大学文化的优秀特征以促进大学文化生态系统的和谐与平衡。杨晓红、丁森在《大学生态文化建设探析》中指出促进物质文化、制度文化与精神文化、学术文化等大学文化生态系统因子的良性互动、和谐共生是搞好大学生态文化建设、提高大学综合竞争力的重要因素。

4. 关于传播技术与大学文化生态的互动关系研究

传播技术的进步对于大学文化生态有积极的影响,新媒体的发展不仅为大学师生们提供着新的生活学习方式以外,它携带了更新的信息意识,它的多样性增加了校园文化传播载体,一方面新媒体通过多种多样的媒体传播形式,多元化、立体式宣传,可以更加生动活泼地展示校园文化生活,另一方面,针对一个热门话题或者新闻热点,可以利用新媒体传播载体的多样性,做到更加贴近师生,可以对学生思想产生较大影响,有利于大学校园文化的建设。虽然新媒体在教学和管理上的运用日渐增加成熟,极大丰富了大学校园文化建设的传播形式,但是也带来了思想冲击,存在一系列的文化冲突,如满足个性追求的个人主义盛行,过分依赖网络带来的网络综合征等,加上缺乏强有力的监管措施,使得“意见的自由市场”有时竟然变成一些人任性妄为,传播虚假信息、低俗信息的“乐园”，成为网络传播发展进程中的一把双刃剑。所以，传播技术的进步与发展给大学文化生态带来了巨大的变革，在充分发挥其积极作用的同时，也要求我们认真对待它的弊端，做到辩证分析，扬长避短。

三、研究思路、方法和创新点

传播技术的变迁史是贯穿本书的一条主线。第二章阐述了传播技术的历史变迁及对文化的影响，按照时间的推进，介绍了网络传播技术、手机网络传播的文化和媒介特征；第三章聚焦于网络时代的大学文化生态，介绍了包括大学文化生态的内外部机制、功能阐释及网络文化在大学文化中的作用；第四章则通过分析不同阶段的传播技术对个人心理及大学文化氛围的影响，并且着重进行网络传播技术对大学文化生态影响的二重性分析，力图从传播技术视角对大学文化生态变迁的背景、原因及特征进行深入分析；第五章以泛传播时代为立足点，揭示了特定时代大学校园文化、手机文化的特点和发展机制，探讨了新形势下大学校园文化与学生发展的新型互动关系；第六章则根据现实发展状况预测传播技术与大学文化融合的未来走向，并憧憬在新兴传播技术支持下大学文化生态的未来发展。

本书主要采用历史追溯、理论分析的方法来研究论证，在大量搜集资料的基础上，运用理论与现实相统一的分析方法、文献研究法和理论分析法，开展研究，系统梳理了传播技术的四次变迁过程。然后再运用理论联系实际的方法，在论述中力求将理论阐述和实践经验的总结结合起来，致力于探讨传播技术、网络传播技术对社会文化、大学文化生态的双重影响。

本书的创新点是从技术哲学和技术社会学的角度，结合中国历史特点，深入探究传播技术与社会文化、大学文化生态的关系，通过媒介发展四次变迁的分析，勾勒出一幅传播技术作用于社会文化的历史图景，为丰富科技哲学内容体系，推进媒介分析理论的发展，做一些有益的探索。此外，本书以泛传播时代手机等新媒体作为通信工具及信息终端时代为时间节点，分析新媒体对大学文化生态的影响，探寻影响机制所在，并以此为据从学生发展角度、师生关系角度、高校教育管理角度提出应对措施和建议，力图构建新时代下平衡、和谐的大学文化生态和思政教育新模式。最后对未来的传播技术发展给大学文化生态带来的变迁做了预测。

第二章　传播技术的时代变迁

一、传播技术的历史变迁及对文化发展的影响

1. 传播技术的内涵理解

对于传播的定义，学术界至少有140种说法，我们可将这些定义分成五大类：① 共享说，即强调"传播"是传播者与传播对象对信息的分享；② 影响说，即强调"传播"是传播者欲对传播对象（通过劝服）施加影响的行为；③ 反应说，即强调"传播"是一个有机体对于某种刺激的各不相同的反应；④ 互动说，即强调"传播"是有来有往的、双向的活动；⑤ 过程说，即强调"传播"是一个恒动过程，而不是一个被时间和空间所固定的静止的实体。

传播学家研究表明，人类的传播分为四种方式：第一种是自我（人内）传播。主要是指每个人本身的自我信息沟通，如独立思考、内心冲突、自我发泄等，它是指人的感性认识到理性认识的意识和思维活动。第二种是人际传播。即个人与个人之间进行的信息交流，这里包括面对面进行的亲身传播，如面授机宜、促膝谈心、个别辅导，也包括通过个人书信、电报、电话等方式的交流。第三种是群体（组织）传播。这是指在社会某一群体范围内，有组织地进行的一定规模的信息传播活动。可能是一人对多人，如演讲会、报告会、演唱会；也可能是多人对多人，如座谈会；甚至可能是多人对一人，如向领导汇报工作。第四种是大众传播。它是指通过大众传播媒介——包括书籍、报纸、杂志、广播、电视、电影等，面对着极其广泛的受众所进行的大量的、连续的、有目的的信息传播活动。

本书认为，传播技术是指人类在传播过程中使用的科学技术。这些技术

包括对传播信号存在形式、传播媒介、传播途径、传播过程控制、传播终端等方面的设想和改进。传播技术的变迁总是以传播媒介变化为标志，传播媒介是指介于传播者与传播对象之间的用以负载、传递、延伸、扩大特定符号的物质实体，具有实体性、中介性、负载性、还原性和扩张性等特点。[①]

2. 对社会文化内涵的理解

"文化"这个词所代表的意义历来众说纷纭。"文化"一词在西方来源于拉丁文 cultura，原义是指农耕及对植物的培育。自 15 世纪以后，人们逐渐广泛使用这个词，把对人的品德和能力的培养也称之为文化。在中国的古籍中，"文"既指文字、文章、文采，又指礼乐制度、法律条文等。"化"是"教化""教行"的意思。广义的文化是指人类在社会实践过程中创造的一切物质产品和精神产品的总和。狭义的文化是指精神能力和精神产品，它的核心是人类在漫长的历史演进中形成并表现出来的，可以统称为思维方式或精神与心理状态的诸如价值观念、道德情操、审美情趣、民族性格等。

关于文化或者说社会文化的定义，我们可以看出无论哪一阶段的文化概念都无法笼统地用一句话或两句话概括出来，但是我们可以推导出文化的一些基本观点："① 作为文明的文化；② 作为特定精神生活的文化；③ 作为一定生活方式的文化；④ 作为特定价值观的文化。"[②] 虽然在文化概念变化的标志性特征中，每一阶段的文化概念并未都涵盖这四种观点，但是我们提出的这四种观点，是糅合了文化在不同阶段的标志性特征而得到的，这四种观点都可以表达出相互贯通的文化特质。或者也可以说，"文化"是人类的一个解释系统，是人类用来理解和定义自身行为的一个解释框架。不同学科、不同学派的解释框架有可能不一样，不同时代的解释框架也不可能一样。

本书中的文化概念特指狭义的文化，它是区别于政治体制、经济体制的只和人类的思想行为相关的社会文化，是把社会文化看成一种社会结构、文化结构，一种生活方式，一种社会人格趋向，是综合了特定精神生活、特定价值观及一定生活方式的文化。[③] 这个"文化"代表了一系列由个人存在方式出发进而

---

① 王菁华．论传播技术变迁对社会文化的影响 [D]. 沈阳：东北大学，2006：21-44.

② 巨斯巍．浅谈手机文化的定义及特点 [J]. 广角视野，2007（2）：2.

③〔加〕马歇尔•麦克卢汉．传播工具新论 [M]. 叶明德，译．中国高雄：巨流图书公司，2000：21-37.

影响到社会存在方式的思想、行为的总和。因此本书对于传播技术引起的社会文化的变化主要就从其对个人心理的影响入手，进而探讨传播技术对整个社会文化氛围的作用。

3. 传播技术的历史变迁

人类的传播活动与人类的历史一样古老，大约在150万年前，人类开始在地球上行走，从那时起，技术的发展就一直刺激着人类以新的方式看待自身和周围的世界。在人类文明进化的历程中，作为思想载体的语言——口头语言和文字，一直处于传播的中心。语言的产生开启了真正意义上的人类传播，文字的出现使文化传播发生了巨大的变化。随着社会流动性和文字材料复杂性的增加，人类对文字载体的技术要求日益增加；随着造纸术发展和印刷术的推广，人类开始了第一次媒介形态变化，这对社会文化产生了重大的影响。

第一阶段：口语时代的传播技术。

在人类产生语言之前，人类的祖先经历了漫长的原始传播时代，传播史学者将之称为前语言传播时代。在距今大约10万年前，原始人类在漫长的相互交往和群体生活中，经过了形体语言、手势语言等无声语言阶段，学会了把声音同其他所代表的事物分离开来，并且学会了用语言符号（声音）来代表具体事物和抽象意义，人类便进入了口语传播时代。人类学家发现，在通常孤立的小游牧群体内，几乎每个人都通过舞蹈、音乐、歌唱、表演、讲话的综合来详述体验的事件，而通过对石器时代遗址的观察我们也可以发现，原始人形成了口头社会并拥有多种形式的故事叙述和宗教仪式演出。这些在相对不太远的奴隶社会和中世纪得到延续。前者的证据是雅典、罗马的圆形剧场；后者的证据则是中世纪的教堂讲台及来自《十日谈》的故事。我们所知道的是，原始人可能还有其他传递信息的手段，例如信号、某种特定的符号。

漫长的历史年代中，口头语言曾是最重要的传递信息的手段，原始人通过口头语言，进行沟通和交流，并将生活经验代代传递。口语传播有着不同于其他传播方式的优势，人们在运用口语的时候，听、说的双方或多方，都直接参与到传播过程中，各方的传播与反馈都在直接的交流中进行，这就大大加强了彼此间的思想、情感和信息的交流、理解和补充。同时，参与传播的各方还可以借助身体姿势、表情、语气、声调等条件来创造交际的氛围，增加传播的信息量，“游说诸侯”可以说达到了口语传播的最高境界。春秋战国时期，以“士”

阶层为主体的知识分子阶层，通过游说的方式活跃在社会生活的各个领域，述说天下大势，提出自己有关政治、军事、外交主张和文化观念，他们游说的主要对象，就是对当时社会发展有着巨大影响力的各国诸侯。他们的这一行为，虽然都是出于求富贵、谋功业的个人动机，但客观上却在整个社会中传播了历史知识（如司马氏家族），宣传了社会变革方略（如管仲、晏婴、商鞅、申不害、韩非等），弘扬了某种政治文化理想（如孔子、孟子等），推广了军事斗争的战略战术（如孙武、吴起等），普及了外交斗争的权变策略（如苏秦、张仪等）。他们以独特的传播行为和传播方式，解决了当时社会斗争和社会发展中的许许多多大至战略思想、小至人际关系的问题，因而在一定程度上推动了社会的进步。从口语传播的角度，他们创造性地使用了许多修辞方法，注重充分利用口语传播的直接交流的优势，把握传播对象的心理。他们绚烂生动的语言，影响了整个时代，从这个意义上来说，游说诸侯的传播方式无疑达到了口语传播的最高境界。

第二阶段：文字传播技术的出现及其发展。

文字的出现和发展对于传播的功效有着划时代的意义，早期的文字记录工具，在随后 10 多万年的人际交往、生产劳动和生存竞争中，人类的祖先们又发展了一定的逻辑能力，学会了把声音同发出声音的人分离开来，并加以记录。在西班牙和法国南部发现的洞穴绘画经科学测定表明，大约在 3 万年前，至少有一些原始人已经拥有相当成熟的概念和传播技能，而绘画又是文字的雏形。人类把某些带有特殊意义的符号印在泥里、刻在甲骨上、涂在石头及稻草上，就成了可以保存的文字材料。距今五六千年前，岩洞象形文字、甲骨文字等相继产生，使得人类的信息传播第一次突破时间、空间的限制，得以广泛流传和长期保存。人类也因此第一次具有了可靠的记录信息、传递信息的本领，并进入了文字传播时代。

文字出现后，特别是造纸术发明后，人类的历史有了可以追溯的记录。在文字出现过程中，人们不断探索改进文字的记录工具，以使记录更容易，运输和存储更简单。在这其中，我们的祖先先后使用过陶器、甲骨、青铜器、石刻、竹简、木牍、缣帛。而在其他国家，也曾经出现过各种记录材料。古巴比伦人用 12 块石头记录了《汉谟拉比法典》。两河流域的苏美人在泥土上写字，再晒干使之成为泥板。在欧洲国家，人们曾利用动物皮作为记录工具。大约在 4500 年前，埃及人第一次对材料进行“加工”，改善其原有的物理属性，以更好地记录文字信息。他们将十字形劈开的湿纸莎草条捣烂，再将它们压成固体薄片，然后放在太阳下晒干。就这样，古埃及人造出了第一种耐用的“纸”。他们用某种植物制成的刷子蘸着黑色或红色的墨水在“纸上”书写符号。简单的技术改进使得抄写员获得了前所未有的速度和效率。公元105年，东汉的蔡伦研制出轻便、便宜而又能大量生产的植物纤维纸，大大提高了印刷的速度。公元5世纪，中国的造纸术最先传到朝鲜和日本，公元8世纪，经阿拉伯传入欧洲。1150年，在阿拉伯统治下的西班牙开设了欧洲第一个造纸厂，法国、意大利在13世纪，德国在14世纪，英国在15世纪末，荷兰在16世纪，美国费城在1609年先后开始造纸。造纸技术的发明，改善了文字记录材料的几大特性：首先，材料的制作成本较低；其次，材料的物理性能相对较稳定；第三，材料便于运输、存储；第四，材料可以批量生产，维持相对类似的品质。由此，纸张可以记录和保留大量文字信息；可以为社会更多阶层、更多人使用，为信息在更大范围内传播创造条件；在某种程度下推动了教育的广泛性发展。

文字的出现和发展，造纸术登上历史的舞台，水到渠成的结果是印刷术的发明和改进。随着社会流动性和文字材料复杂性的增加，人类对文字载体的技术要求日益增加。新技术应该使文字载体更适宜运输和保留，也应该更方便地显示更加多的信息。我国在殷商时期就有了印章，青铜铭文、竹简、石刻书法都渗透了手工雕刻技术的进步。现代学者认为，我国的雕版印刷始于唐贞观年间。在敦煌发现的《金刚般若波罗蜜经》是现存有纪年的最早的雕版印本。

在距今1000多年前，宋朝的毕昇发明了胶泥活字印刷术，大大提高了人类大批量、高速度复制信息的能力。10世纪末，中国的雕版印刷伴随着佛经首先传入朝鲜，之后传入日本，向西则经波斯传入埃及，直至欧洲。至15世纪末，雕版印刷在欧洲已经相当普遍。德国人约翰·古登堡把活字印刷术改造成实用技术，使印刷术得到了广泛应用，进而才出现了报纸的雏形，如罗马帝国的《罗马公报》和我国的“邸报”。17世纪初，定期的报刊首先在德国产生，在定期报刊的基础上，欧洲各国先后出现了日报，最早的日报诞生于德国，即1660年创办的《莱比锡新闻》。19世纪30年代，随着资本主义商品经济的兴起与发展，廉价的商业报纸首先在美国出现，如费城的《便士报》、波士顿的《波士顿人报》和纽约的《晨邮报》，这些廉价报纸面向普通大众，人类信息传播的数量、质量、速度和范围得到了十倍、百倍的增长。从这时起，媒介传播跨入了一个新的境界：即以印刷形式出现的定期纸质媒介，如报纸、期刊等。

随着传播技术的发展，人类迎来了印刷媒介技术的革命。在探索记录文字信息材料的过程中，人类发明了造纸术；在改善记录手段的过程中，人类发明了可批量复制信息的印刷术。这两种技术手段合二为一，在历史的适当时候，催生了印刷媒介。当大众化报纸形成后，人类传播开始进入一个新的阶段。

活字印刷是统治近现代印刷业400年的霸主。在印刷术引进之前，手抄新闻书是欧洲新闻传播的主要方式。至16、17世纪，欧洲各国分别都有了自己的印刷媒介。最初报纸主要是作为商业日报为商人提供服务，信息内容通常包括船期、货物价格和重大的政治、经济变动。由于价格较贵，报纸只能在少数人手中流传。1814年，英国《泰晤士报》率先用蒸汽动力印刷，开创了人类历史上机械动力印刷的先河。1840年欧洲开通电报业，1850年英国与欧洲大陆间海底电缆开通，1866年欧洲与美洲海底电缆开通等，使为报纸提供大量新闻的新闻通讯社如虎添翼，大大促进了报纸新闻报道的实效性。更重要的是，自1626年英国报纸刊登广告后，广告成为报纸收入的主要来源。1933年，本杰明·戴以1便士卖他的《太阳报》时，本意只想为他的印刷所拉业务，但是《太阳报》的出现倡导了这样一种意识：这是一份每个人都可以看到的报纸，之后北美和欧洲的出版商纷纷仿效，从这时起，媒介传播跨入新的境界。西方近代报纸发展的后期，出现了廉价报纸和迎合市井低级情趣的“黄色报纸”，报纸发行量猛增，演变成影响力很大的现代商业性报纸，同时报纸业终于摆脱了政党、政治报纸的羁绊，并逐渐走向现代化。19世纪后期至20世纪初期，出现了报业形成竞争激烈的垄断报团，并发展至今。以英美为代表的报团垄断了各自国内70%～80%的报纸数和发行量。“二战”后，随着广播电视事业的迅猛发展，西方新闻垄断化趋势有增无减，形成了以报纸、广播、电视三大媒介为核心的实力雄厚的新闻信息产业集团。

中国现代意义上的报刊始于19世纪，在此之前具有官报性质的只有朝廷的“邸报”，实际上是一种“政府公报”，没有文化价值。19世纪中期，在清王朝闭关锁国的强硬政策之下发誓将主的福音传遍世界的传教士们悄然来到了中国这片古老的土地上，创办了中国第一份近代中文报刊。1815年，由于无法在中国内地传教，以中国人为传播对象的《察世俗每月统计传》在临近中国的马六甲创办，作为一份传教士报刊，它在内容安排上以“阐发基督教义为根本任务”，但也拿出一部分篇幅用于登载介绍世界各国情况及新闻和有关地理知识的文章,《察世俗每月统计传》对此后越来越多的传教士所办的报刊有深远影响,如后来的《特选撮要每月统计传》《东西洋考每月统计传》等。从鸦片战争后的19世纪40年代至90年代,外国商人和传教士在近代中国创办的报刊有170余种,占同期我国报刊总数的95%,那时中国人自办的几种报刊主要在港澳地区。19世纪90年代以后,中国资产阶级政治运动兴起,资产阶级开始有意识地运用报刊作为宣传舆论工具,因而报刊大量出现,著名的《中外纪闻》《强学报》等,成为维新运动的喉舌。进入20世纪,随着资产阶级革命运动的兴起,报刊活动进入空前活跃的时期,至武昌起义,全国报刊增至500多种。民国初年,新式报刊的发展经历了曲折的过程,各党派创办的报刊大量出版,著名的如南京的《民生报》、北平的《民立报》《中央新闻》《民国新闻》,武汉的《民国日报》等,但是随着袁世凯的篡权和走向帝制,大批报刊特别是进步报刊受到沉重打击,发展艰难。1925年,中国共产党创办了第一张日报——《热血日报》。

第三阶段:电子传播媒介的诞生和发展。

报纸的发生发展使得大众传媒的传播具有了一定的传播基础,随着科技革命的发生,尤其是第二次科技革命取得的突破性进展,如19世纪40年代至70年代,电报、电话相继发明,20世纪20年代至50年代,无线电广播、电视等模拟电子传播技术及媒介产品也相继出现,并迅速普及千家万户,使得人类信息传播的速度更快、范围更广、内容更丰富,复制和保存信息的能力也更为强大。人类从此进入到以报纸、广播、电视为代表的大众传播媒介时代。

电报:1844年,塞缪尔·莫尔斯通发明了第一份应用电报。在19世纪30年代纽约报纸之间的竞争达到白热化境地的时候,莫尔斯发明的电磁记录电报和由长点、圆点构成的电码显示了巨大的前景,随着电报线路横跨大陆、大洋,来自遥远地方的新闻成为流行。

传真:1853年,第一台传真机投入使用,文字和图片可以远程复印。

电话:电话是人际交往领域的重要传播手段,1876年,亚历山大·格雷厄姆·贝尔发明了第一台电话机。电话的出现,使人可以用最自然的、人性化的方式进行人际交流,因而传真与电话中后者的发展前景最好,当贝尔提出他的电话专利申请时,很多人对这个可以"说话"的盒子心怀恐惧。贝尔认为这项技术可能类似于"音频电报",他让助手在邻近的屋子(偶尔也在远方城市)演奏风琴,通过电话传播取悦听众。但是将电话用于大众娱乐的想法很快被证明不切实际。电话的真正意义在于能够使个体口头传播跨越空间的障碍。

广播：1860年，有线广播被发明，1885年到1889年，德国物理学家赫兹证明了电磁波的存在，在电磁波理论的启发下，意大利人马克尼发明了另一种瞬间远距离传播的技术：无线电传播，1916年，马克尼再次完成了技术上的突破——短波试验，从而奠定了现代远距离无线电通信的基础。1920年第一座商业无线电台KDKA开始播音。该台的定期播出刺激了市场对新式收音机的强烈需求，30年之后，调频广播伴随着“披头士”(Beatles)乐队的摇滚音乐走进千家万户。在我国，调频广播的广泛使用开始于20世纪90年代初，此后调频广播电台逐渐增多，形成庞大的听众群体。

电影：1895年2月13日，法国的卢米埃尔兄弟获得了“摄取和观看连续照相实验用的机器”的专利技术。同年3月30日，机器改进后再获专利，并正式更名为“电影放映机”。12月28日，卢米埃尔兄弟拍摄的《火车到站》《工厂大门》《水浇园丁》等短纪录片在巴黎大咖啡馆放映。这一天，也被认为是电影的诞生日，电影是第一个涉及输入输出的媒介，在单媒体向多媒体转变的过程中起到了重要的作用，但电影与现代所说的多媒体还不一样，没有交互的功能。

电视：1884年，鲍尔·尼普考设计了一项将图像转变为电子信号的机械装置。1920年，苏格兰人贝尔德设计了机械电子电视，奠定了现代电视机模型。1930年，法恩斯沃思获得了电子电视的基本专利。到了20世纪30年代末，电视似乎已经到了回报商业利润的时候，但是有关技术标准、新媒介等潜在威胁的争议和大萧条时代的来临，延误了电视用于商业的可能。1938年，美国无线电公司在世界博览会上对电视技术的展示，一般被认为是电视时代的开始。

第四阶段：多媒体网络传播。

传播技术的发展与进步主要得益于科学技术的发展，工业革命使得电话、无线电、广播和电影登上历史舞台。近代第三次科技革命主要带来了通信设备和传播设备的发展，以及其主要的载体计算机和网络的应运而生。20世纪40年代至70年代，半导体、集成电路、微电子技术得到蓬勃发展，以电子数字计算机为核心的信息数字化处理得到越来越广泛的应用。进入20世纪80年代以来，随着微电子技术、计算机技术、通信技术等信息技术的迅速发展，个人计算机得到普及，全球最大的计算机网络——因特网孕育而生，1989年由美国国防部资助的广域网阿帕网(Arpanet)的民用部分更名为Internet，成为人类历史上覆盖范围最为广泛的信息传输手段，并于1991年开始商业化。计算机互联网的诞生，给人类传播事业的发展插上了飞行的翅膀，人类的视野因此更加开阔，信息交换更加迅捷，文化的交融也更加广泛而深刻。

具体说来，网络传播技术的特征主要包含以下几方面。

（1）传播手段的融合性。

网络传播的数字化技术基础使得网络新闻传播集报纸、广播、电视三者之长为一体，以兼具数据、文本、图形、图像、声音的超文本结构，实现了文字、图片、声音、图像等报道手段的有机结合，我国传统的媒体都纷纷借助互联网的发展机遇来改造和壮大自己。在这一革命性进程中，新闻传播事业的科技含量不断提高，传播的技术和手段越来越现代化，其重要标志就是传播的网络化，我国绝大部分报纸都建立了自己的网络版，其中有些媒体的网站以其网页设计精美、栏目众多、内容丰富、信息量大和信息的准确及时而受到国内外点击者的高度重视。

（2）传播过程的交互性。

前面所讲的媒介都是单向的，人的个性和主动性消亡在媒介传播过程中。数字媒介的兴起，开启了人类传播的交互时代，个人的思维方式、行为方式因交互而得到改变。大众传播发展成为分众传播。从人际传播发展到大众传播是社会的进步，其表现特征是个人融入社会，融入国家；从大众传播发展到分众传播，是社会的又一进步，其表现特征是尊重个性，承认差异。

（3）传播速度的快捷性。

网络中的信息的传播是基于数字化通信平台，以高速光纤为载体，以“bit”为介质的。这一技术决定了网络传播的迅速、快捷、方便和“高保真”的特点。在这里，传播者只需要输入信息，进行简单的即时编辑，轻点鼠标就可将信息发送到连接全球的互联网上并传播出去，省去了烦琐的中间环节。这一优势在传播一些时效性要求高的突发事件时更为明显。

（4）信息容量的无限性。

网络容量之大，其他任何媒介都无法企及。网络媒体的数字存储和传输使得信息容量具有理论上的无限性，并且存储技术的不断进步还在不断推进这一极限。网络传播也突破了新闻报道的时间限制，网民在网上可以随时按日期查看一家网络媒体的新闻，也可以很方便地输入关键词进行资料检索，检索功能的使用极大地提高了人们使用信息的效率，也给网络传播增添了特有的魅力。

网络媒体的这些现在及潜在的优势预示着其光明的前景，短短几年时间，网络媒体便快速崛起并迅速融入传媒市场，成为传媒必争之地。它提高了信息传播的速度，扩大了信息传播的范围，给平等的信息传播与交流提供了技术上的可能，它也第一次为受众行使自己的权利提供了充分的可能，网络传播代表了大众传播的发展方向，因此也就备受人们青睐。尽管这些特征从某种意义上说是把双刃剑，其中存在很多潜在的危机，但无论如何，它已经给人类社会的传播带来了深刻的变革。

随着时间的流逝，传播媒介不断为自己添加新的技术含量，并试图利用新技术为传播形式和传播内容寻求突破。计算机网络的发展使得过去在传统大众传播媒介上分隔传播的文字、图片、声音和图像能够通过因特网同步、快速地传播到世界上的每个角落，人们无论何时、何地都能及时了解到自己所需要的信息，就好像我们生活在一个“地球村”里，足不出户便可知天下事。特别是近十年，人类的信息传播无论是速度之快、范围之广，还是内容之丰富、形式之多样，都是过去传统大众传播媒介所不具有的。因特网作为新兴的大众传播媒介，给报纸、广播以及电视这样的传统传播媒介带来了前所未有的挑战和机遇。

在目前及不远的将来，计算机技术及由此产生的数字技术将是占主导地位的技术，尽管具体某项传播新技术的命运由于变数太多而无法预计，但对整个社会技术趋势的预计却容易得多，无论是正在研制的宽频无线技术、数字压缩技术、虚拟现实(即指对现实环境的模拟或虚拟，它更多地由用户的切身体验来定义，而非一项纯粹的技术)，还是人们大胆设想的未来传播无界面、人机合一，媒介的发展将始终沿着这个方向前行。

4. 传播技术的发展与社会文化的互动关系

我们在传播过程中随处可以体验到社会文化与传播技术的互动关系，传播技术与社会文化之间存在着同一性。如民族语言是传播的工具，同时民族语言又设定了传播的文化范围；社会成员间只有共享一种媒介文化、共存于同一文化情境，才能实现彼此间的传播。当然，我们也可体验到，社会文化的偏见与成见、文化中心主义、文化冲突等负面的东西也常常扭曲着传播。例如，社会政治利益集团的文化倾向，容易使媒介沦为意识形态的工具；消费主义文化片面强调通过物质占有实现个人享乐和自我表现，常常使媒体过度营造消费的诱惑力，把公民变为消费者，将政治参与蜕变为购物的附带品。

然而，人作为创造的主体和传播的主体，在传播活动与文化创造中具有反思性，即能在接受信息的过程中，透过对情势的正确分析达到对自身的理性判断和把握，从而把人的传播活动和文化创造建立在对人的物质交往与精神交往的辩证关系的把握之上。因此，在传播与社会文化的关系中，人的创造性、反思性是永恒的"调适器"。

"在学会语言后，人类便以农业取代了渔猎采集，由洞穴与游牧进入农村生活；学会阅读后，人类具备了有效应用过去经验的能力；他们记录各项事件，创造市场、学校、城市以及科学与哲学的概念。印刷发明后，人类由探险中发现了更大的世界，在掌握充分资讯的基础上，以工业、商业为手段，向外征服开拓（威尔伯·斯拉姆）"①，由此可见，人类塑造了传播媒介，同时，传播媒介也塑造了人类。人类社会发展史既是文化创造的历史，也是传播媒介的创造史和传播关系的发展史，传播媒介不仅贯穿于人类社会发展的整个历史过程，而且与人类的社会、政治、经济、文化活动密切相关。传播媒介越发展，社会、文化就越开放，每一种新的传播方式与技术的兴起，都会带来人的感知方式的变化。当然，传播媒介越发展，人也可能会越来越被它所支配，形成媒介社会、文化的支配力，这时，人就会越来越远离现实世界，而越来越依赖于媒介所构筑的世界，甚至融入媒介技术主宰的信息系统之中，造成人的异化与文化创造力的钝化。

传播技术通过传播媒介影响社会文化发展，传播技术对社会文化的作用总不是直接表现出来的，它总是具体落实在某种传播媒介上，这种媒介带给人们全新的传播体验：或是增加传播的深度、广度，或是从时间、空间上解放了人们受到的约束。每一次传播介质、传播手段的突破，往往会迎来一次翻天覆地的文化大发展。如前文所述，简、牍取代甲骨成为文化载体的主流时，中国历史上第一次文化大发展就以诸子百家争鸣的形式降临了；当雕版印刷成为书籍印刷的主要手段时，中国又迎来了第二次文化大发展的"开元盛世"，大唐文化从此蜚声海外并几乎影响了半个地球的文化形态。又经过500多年，当活字印刷取代雕版印刷一跃成为传播手段的主流时，欧洲各国不仅借此高扬起

① Isaacson Walter. Steve Jobs[M]. New York：Simon & Schuster，2011：19-26.

文艺复兴的大旗，而且由此拉开了世界近代科学技术革命的序幕。20世纪40年代以后，电子传播技术及媒介产品迅速发展，促使了大众文化的产生，人类从此进入以报纸、广播、电视为代表的大众传播媒介时代。而随着网络传媒的再一次兴起，我们可以清楚地看到，人类历史上前所未有的文化大发展已经来临了。

在介绍了新的传播技术对社会带来影响的同时，也需要指出，技术发展并不总能产生大的社会影响。衡量一项新技术是否有活力，关键的标准就在于它是否能为传播注入新观念。在媒介发展的历史上，我们发现这样一条规律：新技术作用于社会，改写传播观念，逐渐形成新的传播方式，当这种方式被大多数人接受之后，新技术就形成了新媒介，并从原有的媒介结构中独立出去，沿自己的轨道发展。图文电视的失败就在于它还是沿着电视传播的旧思路，尽管它宣称可以提供更多选择、更多信息，但实际上人们当时需要的不是更多的信息而是接触——人与人之间交互性的接触，而正是这种通过媒介的人际接触的愿望，激发了因特网的流行。

传播技术通过影响个人进而影响社会文化。人是传播技术的发明者、使用者和推广者。人类对自身生存条件的永不满足成为人类发明的原始动力，新技术推出，总是先对一小部分人进行推广进而为全社会普遍使用。传播技术的变化将会改变人群的行为方式，在漫长的历史进程中，书信在人类信息传递、情感沟通中发挥着重要的作用，然而随着电信事业的发展，电话为彼此间交往提供了更方便的手段，人们渐渐疏于写信，代之以更普遍的电话联络；而在当今，随着因特网的普及，网上聊天则逐渐被人们作为一种主要的沟通方式。可以说，某种传播技术一旦被经常、广泛地使用，使用者就会逐渐依赖这种传播方式，从而改变以往的传播习惯，培养出新的传播习惯。传播技术的变化还将影响个人的心理意识，新的传播行为的抵触、好奇、接受、习惯、依赖等都是传播者面对传播技术的改变产生的心理反应。技术的刺激可以诱发传播者发生某种行为、不发生某种行为的欲望，更重要的是，由新技术导致的传播行为将使传播者产生新的思维。如在大众媒介出现之前，人们更多地依赖亲身体验获得信息。当印刷技术、电子技术得到发展并被广泛应用之后，人们逐渐从主动获取信息的地位上退让下来，而把这个权力赋予那些“职业工作者”们。人们不再积极去验证、探求信息，而是被动地等待媒介告诉自己更多的信息。当众多个人的思想观念、行为方式等发生变化时，整个社会文化必然发生变迁。

与此同时，社会文化对传播技术会产生反作用。社会文化对传播具有制约力。这是因为传播是人的文化活动，本身与社会文化相依存。一方面，传播以符号化、意义化的方式呈现着文化，作为文化的活性机制而存在；另一方面，社会文化规定了传播的内容、方式、方法及传播方向、效果。从哲学的角度看，如卡西尔所言，人是符号的动物，人类生活的典型特征就在于他能发明、运用各种符号，从而创造出一个"符号的宇宙"——"人类文化的世界"，从此，人不再生活在一个单纯的物理宇宙之中，而是生活在一个符号宇宙中，"他是如此使自己被包围在语言的形式、艺术的想象、神话的符号以及宗教的仪式之中，以致除非凭借这些人为媒介物的中介，他就不可能看见或认识任何东西"[①]。虽然作为传播主体的人并不会完全融化在"符号的宇宙"中，而失去自己的感性的、现实的存在，但他被包围在"符号的宇宙"的事实，已充分说明了文化对传播的制约以及文化与传播的同一性。

图 2-1　技术发展受多种社会力量作用示意图

事物的发展从来都不是一帆风顺的，一项新技术被发明出来后总是要经过相当长的时间才能被应用于现实生活。其中的原因就在于技术总是受制于多种社会因素的共同作用。

从社会文化角度来讲，在漫长的历史长河中，中国创造了灿烂的文化，为世界科学技术的发展做出了杰出的贡献，清代以前，中国仍然是世界上最发达的国家之一，清代以来，中国技术的发展渐渐落后于西方，也就有了清末的"西学东渐"。其实，中国的科技落后于西方，从历史的发端来看是在西方文艺复

① Isaacson Walter. Steve Jobs[M]. New York：Simon & Schuster，2011：19-26.

兴时就注定了的，西方文艺复兴作为资本主义文化兴起的象征，其生命力和进步性是比同时期中国的封建文化要强的，只是那时候中国的文化还非常繁荣，因此掩盖了这一差距，到了清朝，由于中国自给自足的自然经济占统治地位，“康乾盛世”的短暂繁荣的迷惑，没有迫切地对生产技术进行改良的要求，因此也就没有发展科学的客观动力。另外，我国的文化传统就是轻视科学技术的，“学而优则仕”，做官，成为自古以来几乎所有的知识分子的奋斗目标，研究自然科学和技术虽然没有被禁止，但是也从来没有被统治阶级以及主流文化所认同和鼓励过。中国古代工匠绝大多数没有在历史上留下名字，能工巧匠在社会中的社会地位很低，中国文化传统对技术的忽视导致了文明发展动力的衰竭。

从个体文化角度来讲，个体原有文化观念会影响其对新技术的接受。文化总是以某种思想、观念的形式沉积在人们心中，轻易不受外界干扰的影响。但是当整个社会环境发生较大的变化时，它只能随之变化，影响人们既有观念（或产生新观念），形成新的文化形式。保罗•萨弗用“30 年法则”来形容这一过程：第一个 10 年，许许多多的兴奋，许许多多的迷惑，但是渗透得并不广泛。第二个 10 年，许许多多的潮涨潮落，产品向社会渗透开始。第三个 10 年，“哦，又有什么了不起？只不过是一项标准技术，人人都拥有它”。1986 年起至今，因特网技术逐渐渗透至世界各地，人们接触网络，改变传播习惯，但对于网络的前景和它对自己可能产生的影响，却正如萨弗所说的，有许许多多的迷惑，许许多多的兴奋，却看不清它的未来。①

传播技术是文化发展与传播中的双刃剑，技术本身是把双刃剑，任何一项传播技术的发展和应用，在深刻地改变人们的生活、促进社会文化发展的同时，也带来了负面的影响。

最后，我们不得不提到，传播技术的发展和应用深刻地改变人们的生活，而其中有一部分改变在短期来说是福音，而在长久的将来则未必是件好事。历史上有数不清的例子证明，技术是把双刃剑。电话在人与人之间架起了直接交流的桥梁，但是它的发展以牺牲更温情的信件为代价，电话铃声也经常成为家庭的“不速之客”，打扰人们的休息，妨碍人们的自由空间；利用电脑进行写作提高了人的文字输入速度，但是减少了人的书写经验，人们越来越不会写

① 林德宏．科技哲学十五讲［M］．北京：北京大学出版社，2004：85-91．

字，另外，由于电脑成为思想和语言之间的中介，作家们发现，他们在写作时经历的情绪明显不同于书写时所经历的。任何一项技术都是科学发展到一定程度而自然出现的，技术的产生有其内在的逻辑规律。即使人们认识到技术可能对社会发生破坏性的影响，但实际上人们无法阻挡技术出现的步伐。早在电脑出现的初期，各种科学幻想小说就预言这种机器可能最终取代人类成为世界的主宰。数年前发生的计算机与人对弈而将人击毙的事件加深了人们对电脑应用前景的担忧，但即使在那个时候，人们的生活也已经离不开计算机了。生产的工业自动化、水利、农田的控制没有一个不和计算机技术相关。倪匡的科幻小说将解决方法归结于远离物质世界，完全放弃任何人造的物品，而是像原始人一样伐木建屋，钻木取火。上面这种消极的逃避显然难以为人接受，同时对技术发展的前景也过于悲观。因此，我们应该采取的态度是，在肯定技术对人类贡献的同时，更合理地利用技术，同时尽量避免由于完全或过分依赖技术而导致的副作用。

当然，我们需要意识到，无论传播技术如何发展，它的最终目的都是为人类社会发展进步提供行之有效的手段，其主要定位是一个高频有效的传播工具，能够及时、准确地表达自己的观点和态度。因此，各类传播媒介如何使用，给我们提出了一个新的命题。

二、网络传播技术的特征及发展

1. 网络传播技术的内涵

对传播技术进行分类时我们普遍把报刊、广播以及有线电视统称为传统媒体，把现阶段流行开来的网络传播称为第四媒体，或更多地称为“新媒体”。与传统意义上的媒体相似，网络媒介传播工具的出现为新媒体的诞生提供了技术支持，网络媒介的出现是以网络传播技术为前提的。现阶段以网络传播技术为主的新媒体传播主要包括互联网信息服务模型，能够给人们提供更好的感官感受，给大家提供更快速、便捷的交流方式，网络传播技术成为新媒介的主流表现形式。

早在 20 世纪六七十年代，美国为了争取霸主地位，在新的通信领域进行全面掌控和监视，因此美国国防部按照统一的部署，联合美国当地四所重要理工类大学的计算机建立了互联网的雏形。最早期的互联网主要的功能是快速便捷地小空间传递信息，经过长期的研究和发展，美国领导人意识到这可能是具有划时代意义的新型通信装备和战争领域。因此，在美国政府的大力扶植下，配合各个高校不断地进行试验和努力，多功能、多类型的互联网络系统逐渐形成，使得现在家家户户有网络，逐渐从军事领域转变到民用领域以及新兴科技产业。互联网成为有效传播信息、宣扬主流社会意识和个人态度的强有力的工具。

在21世纪初，联合国称互联网为第四媒体，也就是说它的影响力已经与传统电视、广播、报纸的持平。随着世界的一体化发展，我国的互联网产业也得以飞速地更新换代，从最早的浪潮到现在的联想，从诺基亚到现在的苹果，从OICQ到现在的微信和陌陌，从《人民日报》到现在的腾讯和新浪。这不仅仅体现了宽带网络的普及，也体现了网络与个人之间的相互关系的加深，从这个角度来说，网络媒体已经成为传播方式的重要一种，逐渐走向成熟。现在的网络传播技术主要由互联网媒体、移动终端媒体、数字电视媒体三种类型构成。

互联网媒体成为最重要的一种传播方式，正在日益成熟。主要类型包括以下几种。

（1）即时通信（IM）。

即时通信是终端服务的一种，个体可以通过网络途径进行聊天和文字信息的传递以及其他交流，比如现在流行的QQ、RTX等，并且逐渐增多了许多其他功能，比如娱乐功能和及时分享功能。

（2）电子公告板（BBS）以及各种论坛，比如虎扑、天涯、知乎等。

人们可以通过这种网络途径进行相互交流，发布相关信息，每个用户可以就某项问题发表自己的观点，别人不仅可以进行交谈，还能够发布自己的有关信息并对某一问题发表自己的看法和态度，增加了个体之间文化的交流和互动。

（3）博客（BLOG）。

博客是网站的一种类型，主要进行个人管理，通过不定期地修改网络上面所发布的内容来完成交流与互动。它的发展得益于网络技术的进步，通过博客，个体可以将自己的学习经历、工作和生活状态发布到网页上，别人就可以浏览网页以了解相关信息。这是一种更为灵活多变的交流平台，并且更加突显了个人特征。

（4）播客（Broadcasting）。

播客与博客类似，但主要是通过视频和音频的传播进行交流，作者将需要分享的内容，主要是视频和音频进行上传，其他用户进行订阅和浏览，这样就保证了用户不用天天坐在电脑面前等着收发消息，可以随时随地地了解自己所关注的个体的状态；可以更加快速地传递信息和更加自由地表达思想，也为除个人外的其他机构提供了新的传播方式。现在最流行的是美国的 YouTube，而国内用得比较多的是快手。

（5）微博（Microblog）。

微博的发展与移动终端技术的进步紧密相关，微博算是传统博客的一种变体，简化了信息的接受和发布的方式。用户可以通过手机、电脑等媒介将消息发给某人或者某些人，但是为了提高服务性能，简化文字传播，最初对文字内容的要求不能超过 200 字，现阶段已经取消了此类限制。微博本身最大的优势在于可以传播文字信息和视频信息，能够将搜索和分享同一时间内完成，其本身采用的裂变的传播方式不同于传统意义上的线性传播和网络传播，此种方式在很大程度上能够提升传播的速度，主要得益于裂变式传播方式的叠加性。因此微博具有以下几种优点：简洁明了，任何通过认证的人都可以发布信息；开放性，可以在任何时候传播信息；高效性，能够在极短的时间内发送和接收消息；交互性，信息可以同时被很多人浏览。微博的出现，特别是美国出现的 Facebook，对于社会的发展具有重大的意义，不仅仅丰富了信息的交流方式，而且在话语权和掌控体系方面也远远地超过了传统媒体。

（6）数字电视（DTV）。

数字电视是一种新兴的电视系统，它的主要特点在于通过数字技术的方式来记录、传播和显示节目相关信号。无论采集节目还是制作节目，都是用数字的形式表现出来的。它的功能性远远地超过了模拟电视，一方面能够将高质量的信号传递给观众，另一方面观众可以根据自己的喜好，主动地参与到电视节目中来，能够随时点播自己喜欢的节目，这就可以避免电视节目在不同的时间播出的不良效果。数字电视的出现让我们不需要再呆呆地等在电视面前看自己喜欢的节目，也不用为了自己错过某场比赛而感到遗憾，数字电视逐渐成为传播公共知识与信息的优良的工具。

2. 网络传播技术发展的原因

最初的网络传播技术飞速发展得益于军事应用的需求，1969 年阿帕网（ARPnet）是现在网络传播技术尤其是互联网基础的雏形。美国与苏联处于

“冷战”状态,甚至提出了迄今为止都没能实现的“星球大战”计划。当时的美国国防部想设计一种网络系统,能够保证本国物理防御力量在受到苏联核武器攻击之后仍能保持有稳定的指挥,并具有一定的反击能力。因此,通过网络的指挥和调度,即使某些指挥点活联络点被摧毁之后,其他的仍然能够有效地工作和运行。1968年,加州大学、斯坦福、盐湖城、圣巴巴拉四所高校设置网络节点,在第二年成功地进行了计算机联网,标志着人类正式进入网络通信时代,网络传播技术开始登上历史的舞台。

2010年的网络信息发展报告表明,现阶段全球GDP产值中有多达2/3是与网络基础相关的产业,如阿里巴巴、华为、京东、小米等。因此,当代国家之间的竞争逐渐成为科学技术的竞争,网络技术在国家经济增长中有重要的作用,在一定意义上国家也在加快网络传播技术的发展。对于个人来说,不断进步的网络传播技术,在一定程度上成为推动市场经济的最活跃的部分之一,并且大有成为新兴科技产业的发展趋势,网络传播载体公司的发展,在很大程度上丰富了新兴科技企业的市场占有率和竞争力,也促进了对现有技术的开发、改进和创新。现阶段各种与网络有关的公司如360、百度、搜狐等,也是同时期经济回报率最高的产业。

现阶段科学技术的进步为网络技术的发展提供了理论支撑和技术支持。计算机与网络传播技术是相辅相成的,网络传播与其他科学基础相互联系而构成统一的整体,与此同时,其他科学理论为其发展提供了坚实的理论基础,相关技术的进步更是在一定层面上直接促进了新型传播技术的发展。网络传播技术的发展离不开信息论和控制论,信息论的主要作用在于通过解决通信技术中出现的编码问题,用数理统计的方式来研究信息的传递和变化。通过信息的解码和编码技术,将要接受和传递的信息作为一个统一有序的过程,建立信息量的统计公式。概率论的主要作用在于控制信息传递的规律,这个阶段包括获取、度量、存储、变换以及传递等基础理论。国外研究专家在几十年的不断研究中提出了通信系统的一般性模型,离散数学模型在网络传播领域得到了广泛的应用,其他多学科也为网络传播的技术进步和影响增大提供了坚实的理论基础。相关科学和技术的进步与发展为网络传播技术的发展奠定了基础,计算机技术、现代通信技术、机械技术、电子技术以及现在出现的微电子技术、超导、光纤以及光敏感度技术均为网络基础的规模扩大和可用性增强发挥了巨大的推动作用,通信技术、核物理技术以及基础器械的进步为网络传播提供了技术支撑，随着网络技术的日益完善，资源共享的日益增长，与传播技术相关的外围都得到了极大的发展，同时产生了巨大的经济效益，蝴蝶效应在网络传播领域得到了充足的展现。

3. 网络传播技术的三大特征

社会特征，基于计算机网络技术的 Internet 作为网络传播的媒介，成功地将人类的传播事业带入一个新时代，也成功地为人类文明树立了一个新的表现方式，这种看似自由散漫、缺乏信仰和强制意识形态的新型传播方式却成功地改变了社会的精神状态，使其具有了独特的精神气质。网络技术时代特征与美国精神不谋而合，因为计算机发展技术在某种程度上代表了美国人心灵发展的历史，我们从科学与技术的关系角度来理解网络媒体的社会特质，它作为大众传媒的主要方式之一，不仅仅只是一种技术，更是一种影响广泛的社会文化现象。多数情况下，科学与技术的含义容易混淆成一个问题，其实在社会意义上应该两种不同的概念，我们一般认为中国早期的四大发明是先进的技术而非完整的科学，因此我们一般都说中国古代技术发达却很少提及中国古代科学发达，中国早期更加注重实用主义，在 18 世纪之前一直处于技术领先地位，直到瓦特发明了蒸汽机，推动了科技革命，逐渐发展了与技术手段相统一的理论基础，推动了科学与技术的革命性统一。核磁理论的出现成为确立科学主导的指向标，解开了科学与技术发展关系的新篇章。计算机技术不断地成熟，互联网作为主流媒体有其独特的社会特质，它大致有以下几个方面的特点。

一是个性化。网络媒体的个性化特质融入个人主义和英雄主义的民族精神中，这一特点在现阶段的美国文化中表现尤为突出，从最早期的美国西部牛仔电影到现在的变形金刚和国家英雄，都大肆宣扬了个人主义的潇洒和霸气，个体突破层层困难最终获得成功。这种具有代表性的电影模式很好地延续到了现在，同时也体现了美国人追求个人独立、英雄主义的情怀。这一特点也体现在电脑发展史上，电脑早已经不是军队和政府的专用物品，很早地就进入了个人生活，个人电脑具有极强的个性化特征，无论是全球范围的网络还是独立的个人电脑，都具有能够完整地进行信息输入、输出、存储、记忆的特点，都能在一定程度上满足群体的个性化需求。

二是平民化。网络媒体在长久的发展过程中已经不仅仅是某个人或某个群体的工具，而是逐渐成为大众群体表达自身想法和观念的利器。现在的网络环境越来越平民化，在一定程度上也出现了无序化的表现。从信息接收的角度来说，普通民众与统治者处于同等地位，看到的网页、接受的相关信息都是相同的，这在很大程度上打破了以往的等级特权，特别是传统媒体，由于管理制度等原因，有时被看作“传声筒”，而新媒体的出现，网络传播技术的发展，突破了这一局限。

三是感性化。20世纪90年代开始，“交互式娱乐”和“虚拟现实”这两个词开始频繁地出现在人们的日常生活中。各式各样的网络游戏、无穷无尽的网上聊天工具、色彩缤纷的购物网站等，向我们展示了一个越来越感性的生活空间。网络传播的感性特质迎合了现代人的心理需求和追求刺激的心理，符合现代人的生活状态。特别是现代人缺乏归属感，缺乏精神追求和心理上的安宁和谐。快速发展的科学技术填补了心灵上的空虚以及时间上的空白，似乎正在消解这种问题。在人本身价值丧失和技术快速进步的双重压力下，人们逐渐放弃哲学思考，追求享乐，不断满足物质追求。

四是多元化和技术集中化。在哲学角度来看，发展本质上就是矛盾，任何事物的发展都要走向自己的对立面，网络传播也不例外。在传统媒体阶段，每一次技术的进步都能够让群众的权限扩大，传播媒介的发展速度越快，影响的范围就越大，从而越大众化和多元化。人们徜徉在互联网提供的世界里获得了前所未有的自由和权力。另一方面，技术越发达，权力在一定意义上越集中在少数人手中。现阶段网络传播高端技术仅仅掌握在极少数的经营者手中，无论是美国的谷歌、微软还是其他大型互联网公司，都出现了这个趋势，特殊的技术精英和职权部门拥有真正的权力，不管是高端技术的开发还是应用，都是他们来进行，而普通大众望尘莫及。

新媒体技术特别是网络传播技术的发展除了色彩鲜明的社会特征之外，还具有别具一格、划时代意义的技术特征。其中最主要和最基本的就是网络传播技术的数字化特点，以现阶段典型的网络媒介为例，在全球网络中，音频、视频、文字或者图像大部分都是通过1或者0的数字代码来进行传递和转换的，类似于黑客帝国中黑色的背景，绿色的数字编码构成了整个网络世界，通过这样的转换能够形成广泛认可的统一信息模式。无论是复制信息还是传送信息都因为数字化技术的使用而简单有效，另外也使得信息的转变和加工都能够更加快捷。这一过程在很大程度上推动了媒介的融合，与此同时使得网络传播领域逐渐扩展开来。

五是传播技术的扁平化。这使得个体在传播过程中所起到的作用是相同的，在这种传播环境中，没有所谓的信息中心，也没有所谓的偏远信息收集者，与传统的层级体系相对比，扁平化的传播模式使得个体都具有相同的接收信息的机会，在这种环境中，多数个体能够按照相同的规则，进行最优的合作与竞争，使得人们所能够作用的领域逐步增加，更好地开展数字化世界。

六是两极化与集成化。纵观现在的新媒体，特别是网络媒体，都呈现出体积越来越小、规模越来越大的发展趋势。查阅一下电脑的发展历史你会发现，最早的电脑有一个足球场那么大，两层楼那么高，需要员工走进电脑身体内部才能进行运算操作，而现在电脑和手机一样大小，体积缩小了上千倍，体积的缩小和性能的提升成为互联网终端体积变小的主要原因。与体积相比，电脑带来的规模性影响却出现了相反的发展趋势，互联网在美国出现的时候，只有四所大学四个数据传输节点，现阶段，互联网用户远远超过这个数目不说，理论上来说网络可以覆盖到世界各个角落。具体来说，新媒体终端逐渐向集成化的方向发展，这主要体现在新媒介的功能上，现有的媒介除了高质量地迅速传播信息，还有其他的延伸功能。比如计算机不仅仅能处理数据，还具有娱乐功能、办公功能，这都是逐渐发展起来的其他终端功能，将很多功能集成化地放在一个终端处理器上，方便了人们的工作和生活需要，移动终端功能的丰富性在很大程度上得益于逐渐发展起来的3G网络。

七是开放性。无论在技术层面上还是在人类交往过程中，新媒体尤其是网络传播都具有前所未有的开放性，比如第一个把API（应用程序接口）进行开放的社交网络Facebook，也是在这个层面上收益最大的，直接导致了Facebook的用户用量及流量不断提高，各类应用程序得以不断地更新和开发，使得用户之间的聚合度实现了飞跃。协作式开放，现阶段对于一个知识方面的主题人人都可以进行修改，这在传播速度以及丰富程度等方面是传统百科全书无法媲美的。这样一来减少了我们进行知识生产的成本投入，同时也能够发挥集体的作用，这种新型协作模式使得知识的传播能够做到同步收录，能够在不断更新的同时适应时代发展的要求，满足社会大众的需要。开源式开放，诸多软件程序的源代码会发布给外界，用以增加相互的交流和实用，这种做法使得全世界高新技术开发者的激情都被点燃，也获得了相应的行业发展。开源式开放不管是对网络机构还是对软件行业都带来了巨大的影响，使得大规模大范围的协作沟通成为可能，也实现了快速发现以及更改产品中所存在的漏洞，促使其发展速度的提高。Linux 的出现具有重要的意义，现阶段经过许多爱好者的不断探索与努力，已经成为开源操作系统的典范。

除了上述特点，以网络技术为主的新媒体逐渐出现了“后现代主义、解构主义、知识碎片化、去中心化”等非常显著的现象特征，日常生活中的手机、微博、博客等都具有了新媒体的特性。随着后现代主义的到来，现代人们的交往方式与信息传播模式发生了巨大的变化，在世界范围内的电脑化、数据化表明了个体的言语越来越简单，信息的内容更具有效率。因此，社会逐渐成为一个具有很多信息的系统，以网络传播为主的新媒体与后现代相融合，具有了时代烙印。向对比传统社会流传下来的精英话语就慢慢失去了优势，传统媒介也逐渐被代替。在这个信息交流异常热烈的环境中，个体十分自由也更加主动，每个人都是媒体人，在实现传播的过程中，都成为传播的一部分。

与此同时，被称为“草根媒体”的自媒体开始出现，这更加突显了公众的参与性。它的出现，改变了社会的表现形式，使得传播中心从机构向个人发生转移，自媒体给每一个参与者表达自身态度的平等权利，无论背景、看法和国籍。网络传播技术的进步使得交互时间越来越短，更加没有了空间以及时间的局限性，一个信息热点的制作到后期扩散其速度和规模都是传统的大众媒体所不能做到的。

在社会生活中，大量的信息像病毒扩散一样进行着飞速传播，真真正正地形成了“地球村”的概念，交往跨越了时空的限制，时间短速度快，网络传播主张“Any time, Any where, Any way”，强调从个体自身出发，使用与自己个性相符合的途径以及方式来表达自己的观点，因此在信息权威方面，网络传播更加注重信息的原创性，从而导致了很多信息过多地追求点击量和传播范围，并没有经过详细和核查，出现了许多“口水信息”，使得网络上这些没有任何目的意义的信息占据了很大空间，信息量超过了网络承载量，展现在我们个人生活中就是觉得网络上杂七杂八的信息过多，出现了信息过于浅薄和过载的问题。[①]

4. 网络传播技术的发展趋势

根据罗杰费德勒的观点，从传播的整体与其产生系统变革两个角度出发，

① 李东平．手机媒体的现状及发展研究［D］．成都：四川大学，2006：14.

将媒介产生变化的主要过程总结为：竞争、可感知的需要、政治压力与社会合计数的革新。几个因素相互影响使得传播媒介的形态发生了改变。

主体需求的契合度以及环境适应性的三大方面展现出新的发展趋势和潮流。

现阶段的研究中，很多人认为网络传播是一种信息传播的工具，类似于电视广播等，还有一些人认为，网络传播技术不仅仅只是传播工具，更是我们塑造自己个人形象、建立生活环境的渠道和方式。这两种观点都具有一定的合理性，网络传播在诞生之初确实是用于信息传播的主要工具，但随着不断地发展，越来越普遍，使得网络传播不仅仅是信息传递的工具，更是新媒体的典型网络代表。美国著名作家约翰•布洛克曼在《未来英雄》的书中曾经提到："网络逐渐不是一桩事物，而越来越是一个环境。它慢慢地占据全部空间，大家在它里面做各种事，而不是把它放在箱子里像一个应用软件。"[①] 网络即是工具，也为环境服务，是我们协作组织的这个生活网络的基本构造成分。

就个体与网络传播的关系而言，如果我们把网络看作一种工具，那么个体与它的关系就是主体与客体，这种关系的实质就是目的与手段的关系；如果我们把网络看作环境的一部分，那么个体与它的关系是人与环境，实质为适应与被适应的过程。在这个构思中环境与工具最大的区别在于工具对于主体并不具有包围性和不可替代性，个体可以根据自己喜好自由地选择是否使用这一工具，比如很多年纪较大的人仍然觉得电脑就是浪费时间的东西。然而环境具有包围性和一定的强制性，就要求我们个体逐步地适应这一过程，不能够轻易摆脱。成为环境的网络传播其实质是作为一种具有新颖性的媒介工具普遍化和日常化的结果，也是未来网络传播甚至是新媒体的发展方向和趋势。网络传播技术应用于个体新的生存状态和交往空间，然后变成一种新的环境。

（1）线上和线下的结合。

网络传播作为新媒体的一个典型代表，在过去很长的一段时间之内获得了迅速的发展，从技术角度上来说，网络媒介及其相关产品获得了巨大的提高，网络传播技术的发展在很大程度上推动了网络社会化的进程。网络传播技术有 IP（网络互联协议）。简单来说，如果想在互联网中使用，用户必须满足 IP 协议，这在一定范围内促使了计算机通信网络的构建和发展，在相同 IP 存

---

① 〔美〕尼尔卡•尼曼．思考，快与慢［M］．胡晓姣，译．北京：中信出版社，2012：55-58.

在的情况下，数据业务能够达到统一的流通。现阶段的研究发现，以IP为基础的数据业务的开发是必要的，也是最能够适应社会现实的业务。和前一代技术相比，现阶段逐渐开始发展起来的IPv6技术展现了更多优点，能够容纳更多的地址，更快的运行速度，以及更加安全的网络环境，根据它的发展趋势，数字化生活将会是网络以后发展的方向以及趋势。

一般来说，现阶段的网络基本上脱离了传统传播信号的线材，大多使用电磁波数据传输方式进行传播，现在无线化成为网络传播技术的改革突破，WLAN已经成为电子终端必须含有的一部分功能，能够在极短的时间内将信息随时随地地传递给所需人群。正是由于无线和有线的结合，才能使得网络流动和跨区域的传递成为可能，无线化，也是现阶段网络传播技术的重要发展方向。

除此之外，线上线下相结合的第三方面主要体现在"物联网"和"云计算"中。物联网主要是指装备有传感器设备且我们通过互联网将他们相互连接，通过特定的程序进行远程控制，使得物与物的通信成为可能。对于互联网来说，将传感器和二维码等装置安装一起，无线网络通过接口连接，能够使物体更具有智能性，也是现在支付宝和微信能够完成支付手段的主要方式，使得物体与人之间的交流成为可能。从连接来说，物联网通过电子标签（主要是二维码）连接现实中的物体，可以准确地进行定位并查找相应的对比特点。自从网络传播为主要方式的新媒体出现之后，客观世界的交换出现了新的方式，从企业与消费者角度来说，网络技术的智能化使得经济发展在很大程度上依赖于主客体的作用方式。经济和社会交往方式在很大程度上发生了改变，从而导致了各个组织层级和个体等社会结构以及运作模式也出现了变化，传统模式逐渐被打破。特别是网络智能化的提高更好地实现了互联网与物联网的发展，从而使得网络的生存能力和范围进一步扩大。

（2）网络世界是现实世界的延伸。

网络世界现在逐渐成为一个真实的世界，成为现实世界的延伸而不仅仅是现实世界的一面镜子。根据哲学角度对于现实命题的定义可以了解到现实主要指人和社会两个部分，所以网络成为现实世界的延伸，我们可以将其分解成现实的人的延伸和现实社会的延伸两个部分。

网络是"现实的人的延伸"的观点主要来源于麦克卢汉的"媒介是人的延伸"这一说法。卢汉认为，随着机械的出现，人们的身体获得了空间和距离的延伸。近一个世纪的长足发展，使得人了解地球成为可能。个体的意识的延伸在现实生活中有许多案例，比如广告就延伸了人们的语言表达能力和宣传能力。根据卢汉的认识，任何一种媒介都是人的一种延伸，人们发明了电话，延伸了听觉；人们发明了电视和书籍，延伸了视觉；人们发明了汽车，延伸了行动力；为了延伸中枢神经系统，人们发明了电子技术。从延伸的程度上来讲，网络成功地延伸了人的整体，这主要是通过多媒体所具有的功能来判断的，网络世界的复杂性和矛盾性也是由现实个体的具体情况所导致的。

马克思认为，社会关系主要是人与社会的关系，不仅仅强调独立的个体，而且是强调社会关系的总和。根据网络延伸现实的人我们也能够推断出网络按照同样的方式延伸了现实的社会。网络来源于现实社会，它的出现成功地弥补了现实社会的不足，并通过一定的方式结合现实社会，网络在很大程度上发展了现实世界。

网络完成了对于现实社会的部分延伸，其中有好的方面，也有不好的方面。比如经济关系、政治关系和文化关系等都能够反映在网络世界中，现实世界中的诸多现象、问题以及各种各样的矛盾，都会通过各种渠道体现在网络中。互联网成为现实社会的一部分，其本质就是社会本身。网络世界相对于现实社会总有自己的独特之处，虚拟世界和现实世界相互交织和改变，在反作用于现实世界的同时打上了现实世界的烙印。网络的本源在现实社会，两者相互对立又相互统一，在这种情况下，网络实践给人们的生存方式带来了大幅度的改变。

（3）虚拟与现实相互融合、互补。

网络空间以及传播技术以现实社会为基础，网络与现实必然存在联系和交通。虽然网络空间有着独特的空间性和平行性，但人们在虚拟身份和现实身份的互动中并不能够彻底去除现实身份的资源配置和局限性，在一定程度上打破现实生活的层级划分模式的基础上，重新构建了一种新型社会权利解构模式，从而使得虚拟现实能够在很多方面影响现实社会。这一过程也让我们能够充分地分析虚实互动条件下社会权力结构的变化所带来的复杂特征，也使得主客体关系发生变化。

冯务中在《网络环境下的虚实和谐》中曾经详细地介绍过网络虚实的二重性理论，他认为，网络世界的基本矛盾正是现实性与虚拟性之间的矛盾，这一矛盾成为主要矛盾并且贯穿于网络世界的所有现象和矛盾之中。在矛盾关系中，由于网络空间的“去中心权力”的特征，使个体在交往方式上发生重要的变化，突出了知识和信息的影响作用。[①]因此，矛盾的发展，知识和信息的相互影响作用，使得构建起来的网络世界和现实世界形成了新型的网络社会，也相应地让主客体之间的矛盾成为矛盾的主流。

新型的网络空间是社会构建的结果，主客体之间的关系受到现实世界的制约。在网络社会中，借助于传播技术的发展，每个人都能够有一个甚至是多个不同的身份，这与现实世界有着很大的区别。个人创造出了新形势下的网络身份，我们能够按照自己的想法对个体进行改造，使得网络社会变成了“形而上学”的实验室，展示了现实世界的框架体系和个人的主观愿望。但是，在这个过程中，个人身份仍然以现实社会为基础，并且身份层级也依然存在。简而言之，我们以现实社会为原型进行加工，创造了自己的梦想社会。

虚拟现实在影响着我们的现实世界。网络世界呈现出科技和市场动态合并的构造。这一过程使得网络空间受控于使用者对于科技工具前所未有的依赖性。如网络传播技术中不断地有新型传播工具的诞生，有更多技术心力去构建更快捷和简易的传播工具，使得人们借助不同的工具，学习广泛的知识并且获得一定网络空间的自由。这个过程让虚拟世界能够为现实世界带来技术性的革命突破，也改变了广大群众的生活方式和交流方式。虚拟社会在一定方面引领了现实社会变革的潮流和前端。对于处于网络社会中的主客体，在现实社会中的权力都得到了重视和凸显。由于现实社会与虚拟社会的相关性，针对虚拟社会里面个体的角色，能够实现部分主体的客体化，作为引导性的主体也能够成为接受方面的客体。

现实文化与网络文化的互动与交流逐渐加深。政治学中曾经说过，任何文化都是特定的经济和政治的反应，并且能够反作用于政治与经济。从工业革命开始，工业化能够在纵向上促进人类社会的发展，全球化推动了横向的进步，因此人类社会的各个方向的发展主要得益于网络技术的进步与更新。网络文化是现实政治、经济、文化在网络世界中的投射和反馈，又在很大程度上引领着网络政治和网络经济，改变着人们的生活方式，因此，它既与现实文化相联系，又表现出不同于现实社会文化的特征。现阶段，网络文化与现实文化呈现出并存、共生和互补的关系。依托于网络技术的网络文化，是现实文化的

① 匡文波．手机媒介概论［M］．北京：中国人民大学出版社，2006：91-92.

延伸，现实文化以强大的物质基础和政治地位以及文化特征影响着网络文化的发展，两者之间互为补充和依托。

三、手机网络传播的文化特征及媒介特点

1. 手机和应用技术的发展脉络

手机最早的发展历史可以追溯到无线通信的发展源头，1897 年马可尼实现了固定站与 18 海里远的拖船之间的无线通信，标志着技术性难题得以攻克。20 世纪 20 年代开始，现代移动通信技术获得了飞速发展，出现了最早的低频率移动通信系统，类似于现在用的对讲机。经历了专用移动网络向公用移动网络的过渡，通信系统不断改进和完善，一直到 20 世纪 80 年代，移动通信设备和技术手段蓬勃发展。

（1）模拟蜂窝式移动通信时代：自由通信。

1978 年，美国在芝加哥成功地研制出第一台模拟移动电话，与此同时贝尔实验室发明了更为先进的移动电话系统，简称为 AMPS，创立了蜂窝状移动通信网络并且在当地开始使用。这个时候的手机主要由通话器、控制组件、天线和电源四部分组成，其外在形象类似于现在电脑和家用电话的结合体。通过电波传输模拟人讲话的声音的高低起伏的信号来达到传送语音的目的。移动网络所采取的通信方式，既经济又有效率，解决了有限高频频率与众多高密度用户需求量之间的矛盾。1987 年，中国在广东成立模拟蜂窝移动电话系统，并投入使用。

虽然模拟手机传输质量和家用固定电话区别不大，但存在网络覆盖面积小、保密性差以及信号功能易受损等问题，虽然在一定程度上实现了让人类能够自由通信的梦想，但其客观问题仍然存在。因此，20 世纪 80 年代后期，全球无线电话使用率增长了 40%，但其外形陈旧并且因为价格昂贵的原因使得普及率并不高，仅仅作为有线电话的补充工具，并没有成为个体之间交流的主要媒介。无线电话本身更是财富和地位的象征，这个标识在香港电影里面有充足的体现，每一个成功人士都配备一个“大哥大”，这个时候手机只是通信工具，与传媒无关，很多时候我们称这个阶段为 1G 时代。[①]

---

① 黄东亮．手机传播现象初探——一个媒介环境学的视角 [D]．上海：复旦大学，2008：25-28.

(2)数字通信的2G时代。

随着日益增长的用户需求和有限容量的矛盾,第一代蜂窝移动通信网络面临巨大的挑战,20世纪80年代后期第三次工业革命为通信系统带来了大规模集成电路、微型计算机以及数字信号处理技术,这使得数字移动通信系统成为可能。1982年的欧洲成立了移动通信特别组,简称GSM,并推出了泛欧洲数字移动通信网体系,通信质量好、容量大,加上其业务种类多,成本低的优点,让移动通信进入了一个新的里程。在这个阶段,GSM成为全球移动通信系统的代名词。不久之后,另一种更为先进的CDMA制式的移动通信网络也投入使用。

1994年,中国第一个省级数字移动通信网在广东省开通,中国开始正式进入了GSM时代,同时迎来了手机高速发展时期。2001年中国移动成为全球客户规模最大的移动通信运营商,2002年CDMA联通新时空网络正式运行。因此,为了满足时代需要,在GSM技术的基础上发展出蓝牙、WAP、GPRS等技术,这些技术有利于以后手机与网络的无线联通,使手机具备了数据接收功能。中国现有约11亿手机用户,拥有世界上最大的手机用户群体。

(3)拇指一代。

手机作为移动通信终端发展得已经较为完备,技术的进一步提高又赋予了它向大众媒体转变的物质基础。1992年,在英国通过PC成功地向移动电话发送了世界上第一条短信。2000年中国短信服务诞生,SMS是在移动网络上传送简短信息的无线应用,属于移动增值服务的类型,手机短信是手机由通信工具变为媒体的主要标识。这一转变对人们的经济文化生活产生了巨大影响。

人们对于短信的大量使用需求催生出所谓的“拇指经济”,对于新浪、搜狐和网易来说,短信业务的收入占总收入的30%以上,并且在此基础上形成了相关产业链。[①] 门户网站在移动、电信和联通所搭建的短信平台上为手机用户提供了丰富多彩的短信服务,并收取费用进行利润分成。有人曾经这样说过短信:我们残余的纯真,总能通过这种带着体温的工具传达。除此之外,一种新型的文学形式也得以衍生,手机网络文学的兴起对传统文学、传统出版市场造成了巨大的冲击。在日本,著名的小说《深爱》最早是以手机的方式进行传播的,国内第一部手机小说《城外》也掀起了手机小说的创作潮。手机文学的优

---

① 第22次中国互联网络发展状况统计报告[R]. 中国互联网络信息中心,2008.

势在于可以在几乎任何的环境下进行阅读，并且具有实时互动的特点，这是以前任何纸质文学甚至是网络文学作品无法企及的。

手机在改变我们交往方式的同时也改变了传统媒体单向传播的方式，呈现出点对点、点对面以及面对点等全方位传播方式，也改变了人们的娱乐方式，为我们的生活带来了急剧的变革。

（4）全媒体时代。

手机短信是手机成为大众媒体的标志，手机除了传递信息以外还出现了多种功能，比如各种手游，王者荣耀、百万富翁等，比如手机短信炒股，不仅能够接收最新的股市行情，还可以进行买入卖出等操作，广告营销更是每一个使用手机的个体最常接触到的功能，当然多数情况下我们会进行简单阅读并删除相关信息。由此可见，手机不仅仅是一种通信工具，也不仅仅是一种传统媒介，它逐渐成为一种新型媒介，融入了人们生活的各个角落，变成了一个生活必需品。人类的创造性突破了文本和声音的现实，第三代通信技术(3G)应运而生，不仅仅在传输声音和数据的速度上得以增强，并且能够处理图像、音乐、视频等多种媒体形式，比如现在越来越流行的视频电话会议、电子商务以及多种信息总和服务等。图像、视频、音频、动画等多种媒介素材使得手机展现出色彩斑斓的世界，因此手机的各种先进功能喷薄而出。

比如现在的移动订票APP、手机银行、城市地图和导航系统以及各种移动游戏等增值业务，让手机作为数据处理终端，不仅仅用来打电话和发信息，也逐渐代替了电脑等工具的一些用途。

2. 手机媒体的发展现状

手机媒体以手机为主要媒介传播手段，是继报纸、广播、电视和网络四大媒体之后出现的第五媒体。作为新生事物，虽然没有严格的科学界定，但大家对于它的共同认识为：面向海量人群的主要以传播信息为主，兼具报纸、电视、网络和个人通信特点，并融合了创新性的大众传播媒体。它主要以手机短信、手机报纸、手机电视、手机广告、手机博客、手机搜索以及各种新型手机APP，作为视听终端和信息传播的载体。

3. 手机文化产生的类型

手机的功能和现代社会所赋予它的传媒作用，总的概括起来有六个方面的文化特征类型。

（1）拇指文化。

这个在前面我们就探讨过，主要是以人们使用手机短信、飞信和微信等简短讯息功能所形成的一种文化类型，也是手机最基本的功能之一。它以较为简短的文字符号和个性化的表情符号为传播内容，契合传统中国文化含蓄内敛的特质，并且具有通俗化、平民化、广泛性、快捷性以及互通性，因此受到了广泛的欢迎。随后出现的彩信不仅仅能够发送文字，还能够传递图片。后期手机与互联网高度融合，微信的出现极大程度上改变了年轻人的交流方式。这种以手机为交流主体的媒介，都需要拇指操作，所以我们把这个文化现象称为拇指文化。这一文化借着移动通信网络平台，实现了传统文字媒介与新型电子媒介的完美契合，并且包含了传统中国文化含蓄、内敛的特质，在中国很受人们的喜爱。

（2）饰品文化。

手机作为生活中必不可少的工具，与手机相关的各种产品外围也形成了新型产业链，不断发展和创新，从而形成了一种独特的饰品文化。现代社会，一部精致的手机本身就蕴含着经济水平、个人审美观念以及各种文化含义，与之相配的手机饰品也成为时尚潮流。炫丽的外壳、精致的配饰、可爱风的吊坠和挂绳以及各式各样的个性化贴纸和小物件，特别受年轻人的喜欢，成为追逐潮流的标识。手机饰品的功能性和文化性，使得手机突破了传统功能，具有了一定的美学价值。时尚饰品的发展也在很大程度上推动了手机的创新和进步，并且促成了手机文化的革新。因此，饰品文化成为手机文化的重要组成部分。

（3）铃音文化。

我们都知道彩铃，最早的电话业务都是嘟嘟嘟的空旷铃声，现阶段出现了个性化多彩回铃音业务，一旦开通后，当我们在给对方打电话时能够欣赏到各种动听的音乐。彩铃和铃音构成了手机文化中的彩铃文化，它最主要的功能是可以根据个体的需求不断变革和多样化选择，每个个体都能够使用或者制作适合自己的铃声来展现自己的个性，并且能够体现不同用户的不同心情，以及对音乐的不同感悟。这个过程多样化、简单化，充满乐趣和自主性，因此这一功能所形成的独特文化使得手机文化更加丰富多彩，深入人心。

（4）影音文化。

手机的功能日益增多，特别是多媒体的功能化在一定程度上已经可以替代电视、电脑在生活中的作用。科技水平的不断进步和发展，使得手机具备拍照、摄像、影音播放、电台等多种功能。因此，手机给人们提供了一个新的生活方式，一个新的发现美的渠道，一个了解世界的窗口，并且这个窗口还非常便捷并且具有巨大的容量。手机功能的不断进步和发展让越来越多的人运用视频通话作为交流的方式，这些具有独特性的新功能的产生和普及，大大拓宽了手机本身的发展方式，也扩大了手机文化的发展领域。影视和音乐成为手机使用者热衷的消遣方式，影音文化功能不断增多，特别是现阶段各种视频直播 APP 的出现，让个体能够在各种终端上实时欣赏到比赛状况，比起传统的电视、电脑，手机小巧灵便，更为实用。我国在 2008 年举办奥运会时已经充分地开发和使用这个渠道，许多用户可以通过直播 APP 观看奥运会的直播赛事，这让国内广大群众真切地感受到这种新型传播方式的便捷性和实用性。类似的影音技术，未来还会有长足的进步和发展，从而带动影音文化的发展和进步，推动手机文化的开拓创新。

（5）资讯文化。

手机资讯文化主要是指以手机报、互联网资讯平台等方式传播文化的现象。主要起因于科学技术的进步和发展，手机具备了电脑的部分功能，实现了手机上网功能的过渡，手机文化与网络文化日益融合。手机报是一种传统报刊与现代手机互联网结合的技术手段和新型的报刊形式。近些年来，伴随 3G、4G 网络的兴起，手机报也随着进行了改良，现在已经成为传统报业跻身电子媒体的又一举措，是手机资讯文化传播的一种重要方式。互联网所提供的方便快捷，是手机资讯文化发展的载体和技术基础，手机上网可以更加方便快捷地浏览新闻、图片以及各种视频的精彩内容。随着手机功能的不断完善，它的文化特性也得以增多和加强，手机上网与手机资讯文化将日益成为人们生活中不可缺少的一部分。

（6）礼仪文化。

礼仪文化是中国传统文化的重要组成部分，是以约定俗成的方式来进行交流，包括穿着、沟通、交往技巧等。从传播的角度看，随着手机的迅速出现和普及，国家也出台了一系列的条文和规定，从而对于新时代背景下的礼仪文化提出了新的要求。比如在公众场合使用手机要注意不妨碍他人，不能随意拍照等。这些都提醒着我们要不断加强手机礼仪文化的宣传和普及，促进手机文化成为现代的、先进的、文明的文化。①

4. 手机传播的文化特征

我国手机普及时间虽然只有短短的十几年，但它为人们的交流方式、生活习惯、思维方式以及行为方式带来了翻天覆地的变化。手机所催生出的手机文化给我们带来了与过去截然不同的新篇章。

（1）移动性与即时性。

手机文化的移动性和即时性主要是由手机本身的文化属性以及所蕴含的媒介属性如简洁性、移动性等特点所决定的。由于手机本身的特点，使得催生出的手机文化的表现一定具有移动性与即时性的特征。人们使用手机，能够在第一时间，随时随地地接收和传播信息，进行多方位和多层次的文化交流与资源共享，因此文化传播的即时性是过去报纸、广播以及电视都无法企及的。而移动是手机的本质属性，也是手机相比电视以及电脑最大的优势所在，因此手机文化也就形成了移动的文化空间和长距离的文化桥梁。曾经有国外的学者说过，互联网所形成的地球村是个人王国的产物，而移动通信是自由王国的产物。由于手机网络传播的文化在日常生活中主要表现为个体能够随时随地地移动接收和发布信息，并且因为本身内容极为丰富多彩和简洁实效，因此个人的文化需求能够得到满足。在一定意义上可以说，手机文化所具有的移动性和即时性，使得它本身才能在极短的时间和超大的范围内产生巨大的影响力和推广力。它所具有的特点与传统文化截然不同，其本身借助的互联网技术所营造出的文化空间是过去各个种类的文化都无法达到的。因此，手机文化使得传播者和接收者、文化的生产者和消费者之间没有阻碍，具有极强的随时随地随身的特性，从而构成了依靠网络传播技术的手机文化不可替代的优势。

（2）交互性和推广性。

手机文化本身保持了难得的平等性，每个个体都是信息的阅读者和思考者，它的核心内容是即时性的互动，本质上是手机的使用者通过手机这个终端工具进行一对一、一对多或者多对多的方式进行交流，交互性是它本身所具有的特征。大多数时候除去打电话或者发信息，我们都是在与手机进行“人机”互动，但实质上每个手机背后都有一个与我们相似的个体进行着自己的操作，

① 第22次中国互联网络发展状况统计报告［R］. 中国互联网络信息中心，2008.

所以本质上仍然是人与人的互动沟通。手机的产生就是由于人与人想通过某种方式在不能够面对面时仍然能够快速地表达自己的想法和完成相互交流。因此，手机从最初的打电话和发短信等基本功能，到如今的跨媒体功能以及各种新型APP的附加功能，其发展背后都离不开人们的需要，因此，交互性是手机文化的最基本的属性之一。

手机成为文化的载体之后普及率极高，有着巨大的受众群体，因此具有极强的推广性。目前我国的手机用户数量已经超过了8亿，并且还在迅速增长中，在社会上大部分人都有手机，会被手机文化所影响，成为手机文化传播的一部分。手机本身所具有的交互性特征，加上极高的普及率以及网络信号的全球性覆盖，因此能够将各种类型的文化推广到任何想推广到的地方，随时随地地满足人类的信息需求，从而影响和改变人们的生活方式以及认识特征。

（3）个体性与私密性。

由于手机文化随着手机本身的功能不断改善和进步，手机的使用人群不断地增多，这一文化本身除去法律法规的限制外，基本没有经过意识的引导，因此手机文化传播个体能够按照自己的兴趣和需求来决定传播什么样的内容和形式，由于网络本身的特点，这种个人行为是难以被监管和控制的。因此无论手机本身还是使用者的使用方式，都具有明显的个性化特征。手机作为文化的载体，它的信息的接收者和发出者是可以相互转化的，人们使用手机时较少地受到客观环境的制约，其实主要取决于使用时是否有信号，因此想选择什么就可以选择，想浏览什么就可以浏览，这一过程完全是个人意志、情感以及思想的体现，所创造和传播的内容都体现着参与者的个性特征。

手机现已成为私人物品的代表，承载着个体的个性特征，因此伴随着手机所诞生的手机文化就具有了私密性。手机的使用大部分都是为了完成用户个人的目的，大多都在没有他人的参与下完成的，除了使用者之外别人无法知道具体的内容。就像2016年底、2017年初美国CIA破获了一个犯罪组织，搜获了犯罪组织人员使用的多部苹果手机，但因为无法破译密码导致CIA与苹果公司发生了诸多冲突。因此手机作为通信和娱乐的终端，逐渐成为“带着体温的媒体”，极大地满足了人们对于信息沟通和文化传播的个性化需求。显然，在人际交往和信息传递方面手机文化与传统媒介文化存在不同，传统的媒介文化具有群体性的特点，有着非常明显的聚合型特征。而手机文化的传播把传统的放在聚光灯下的“聚合型”文化转变为藏在自己手中的“私密性”文化，这样就使得个体性的、私密性的传播方式成为手机文化的一大特征，也使得手机文化成为最具有私密性的文化类型之一。

（4）多功能性和跨媒体性。

手机文化具有的移动性与即时性、交互性和扩散性，在整个文化基础上，脱胎于社会文化，在传统媒体文化形态的基础上，以其独特的传播方式满足了人们日益增长的文化需求。与此同时，技术的发展与进步，实现了手机媒体与传统媒体的结合。

现阶段，手机已经不仅仅是通话和发短信的工具，而是成为微信、微博、音乐、影视以及上网等各种功能的综合体。这一方面丰富了手机用户的日常娱乐需求，也让用户出现了对于手机的依赖感，随着人们需求的不断增进，也使得手机文化的发展更加多元化、丰富化。因此，手机的多功能性使得手机文化也具有了跨媒体性。

5. 手机媒介的特点与特性研究

手机作为无线通信设备，随着科技的发展逐渐成为功能越来越多的终端体。使用者按几个键就能完成各方面信息的搜集和处理，“手机媒体”和它的催化剂3G网络的产生，是移动通信发展的方向，它保证了数据和声音的快速传输，能够进行图像处理、视频、音频等多种媒体形式的信息服务，手机媒体的一切特性解释根源于它的高科技性。

（1）贴身性。

有国内研究学者认为，手机有着其他任何媒体无可比拟的优点，因此经常称它为“带着体温的媒体”[①]。手机终端小巧方便的特点使得人们可以在任何时候任何地方都能够第一时间收看收听新闻信息，并且很多手机使用者将手机内化成了自己的一部分，手机的款式、铃声、个性化设置等都带有浓厚的个体色彩，成为个性化的传播工具。手机的小巧玲珑、携带方便成为它最主要的特质，因此贴身性也是手机最主要的属性之一。

（2）普及性。

按照媒体理论来看，衡量一个媒体是否具有核心竞争力的最重要的因素是受众群体，而手机用户可能是世界上最多的，全球现今为止约有50亿手机

① 夏光富，袁满．手机文化的特征与手机文化的产业化［J］．新闻界，2007（4）：1.

用户，中国手机用户已经多达 11 亿人。[①] 这就是说，基本上每个家庭至少会有一部手机，如此庞大的受众群体已经构成大众传播所必需的分散型受众。现在使用短信和微信等信息传递方式的人已经远远超过使用电子邮件的人。尽管手机拥有量已经达到饱和，但是在手机功能的开发和进步上仍然有广阔的开发空间，因此手机媒体的市场前景异常广阔。手机媒体逐渐通过科技把大众群体引入更轻松的年代，科技的发展通过手机细致入微地展现在了人们面前，让我们成为接触科技并接受科技的新时代个体。

（3）互动性。

媒体中的互动性主要指围绕新闻事件或者某种消息，传媒与受众之间信息的双向传递和沟通，主要反映了受众群体对社会生活的关注度和参与度。手机媒体的交互性有着传统媒体无法比拟的优势。传统大众媒体如广播、报纸等都是单方向传播的，属于环状网络，然而以手机为载体的短信和各种 APP 属于星状网络，在这个网络中每个个体都是传播体系的一环，所有人的地位都是平等的，因此手机媒体不仅仅给用户送去他所需要的信息，更重要的是它能够实现跟踪、读者调查以及意见反馈等多方面的功能。比如手机短信或者微信等，都是双向互动的，用户既是发送者也是接收者，并且身份信息是相互转化和不固定的。互动方式的多样性为利用舆论对短信传播进行控制提供了可能性。除此之外，传统媒体的主要功能在于把相同的信息传递给所有人，但手机能够实现一对一发送个人化信息，这就比传统媒体更具有针对性和直接性。传统媒体建立在传播者与接受者分离的基础上，而手机实现了两者的融合，本身具有平等性。

（4）多媒体性。

手机媒体具有集文本、声音、影像于一体的多媒体功能。短信的收发使得手机具有了更多的人际传播功能，真正实现了大众传播，人们可以通过短信进行沟通，也能够通过短信定制服务接收所需要的新闻和资讯，通过 APP 观看各种视频和音频文件，还能够通过各种能够用于发送消息和表达情绪态度的软件如微博等发出自己的声音。多媒体传播方式，满足了用户的个性化需求，使得手机媒体具有可读性、互动性、新奇性的特点，文字短信、彩信等丰富的表现形式使手机媒体可以发布图文并茂、音视频俱佳的新闻信息，满足了用户的个

---

① 杨雅枭．手机文化的功能分析［D］．沈阳：辽宁大学，2013：18-22.

性化需求。

6. 手机媒体对生活的影响

“在今天，钱包可以丢了，但如果手机丢了，你的生活好像真的被改变了。”[①]

手机从以前的大哥大奢侈品成为现在几乎人手一部的工具，从电视上的手机广告到现在打电话的行人，从商场里琳琅满目的手机到街头各种专卖店，无处不在。有些人用手机玩游戏、听音乐、看直播，还有人用手机登录网站买东西、查公交等，手机成为户外移动媒体的终极形式。有人认为，互联网的力量从电脑转移到手机上，诞生了全新的社会现象、全新的沟通模式。[②]手机改变了人们的生活方式和交往方式，最终，这个媒体终端改变了整个世界。

---

① 尹韵公．中国新媒体发展报告 2010[R]．北京：社会科学文献出版社，2010：25-31.

② 殷俊．媒介新闻评论学［M]．成都：四川大学出版社，2005：47-51.

第三章　网络时代的大学文化生态

大学作为以人才培养、科学研究、服务社会和引领文化发展为主要职责的组织，本身就带有浓厚的文化色彩，从发展的角度来讲，大学文化的发展和演变实质上就是继承和创新人类文化的过程，在这个过程中逐渐形成了各自的办学特色和精神方向。大学文化生态系统是一个复杂的系统，是共性和个性的有机统一，涉及精神、制度、物质、行为四个方面，体现在办学理念、教育方式、组织形式、管理制度、教学目标、校风学风等各个方面。从不同的侧面为大学文化的建设添砖加瓦，各个主题承担着自己的文化责任，共同成就了整体的大学文化生态系统。当前大学文化的建设和发展越来越受到重视。随着我国大学文化建设的逐步深化、多元与开放，人们对大学文化及其建设的系统性认识也在进一步深入，对大学文化各组成要素的功能的认识和把握也在进一步扩展。

我们生活的时代是一个急速发展的时代，科学技术的进步不仅改变着我们的空间和距离、生活环境和状况，也以一种新的文化形态影响和改变着每一个大学人。生活在今天的每个人都能强烈地感受到，网络对人们社会生活的影响日益深化和加大，大数据、云计算、移动互联网、互联网+、智能化等新技术、新名词让人眼花缭乱，新的网络技术不断涌现。从网络新闻的快速传递、网络经济的繁荣壮大、网络反腐的坚决强势等社会生活的多个方面都能看到互联网与日常生活的紧密连接。这种种现象表明，网络生活作为人们的一种基本生活方式正在变为现实。网络时代的中国社会处于世界网络普及和应用的先进水平，据中国互联网络信息中心 2017 年初发布的《第 39 次中国互联网络发展状况统计报告》[①]显示，截至2016年12月，中国网民规模达7.31亿，相当于欧洲人口的总数，互联网普及率达53.2%。中国网民数量的增长直接反映了中国网络普及程度的提高和网络大众化、生活化的趋势。在中国，互联网一度作为技术精英职业标签的现象正在弱化，上网便捷化和多样化使得网络使用无处不在，渗透力空前增强，网络变成社会公众用以学习工作、获取信息、沟通交流、休闲娱乐的手段和工具，互联网在帮助广大用户获取信息、拓展人际交往、参与时政监督、提供生活便利方面发挥的积极作用较为突出，特别是移动互联网的发展和网络使用方式的变化，极大地满足了边缘地区和弱势人群的网络需求；另外，以手机为代表的移动互联网技术的成熟，突破了网络终端的物理技术限制。截至2016年底，我国手机网络用户的数量达11亿，是中国互联网使用人群的重要组成部分。农村网民规模达到1.78亿，占所有网民比重的27.5%。中国互联网的发展和壮大，极大地促进了经济发展、社会进步和民生改善，惠及13亿中华儿女。

互联网等现代传播技术的发展，使知识传播的手段发生了巨大的变化，传统的大学知识主要通过课堂面授的方式进行，老师和学生之间通过面对面的讲解、提问、回答、探讨等手段实现知识的转移与升华，因此在校园内形成了固定的场所，人为地划分了知识的疆域，这种固定空间的讲解方式又形成了知识传播过程的封闭性，制约了知识效力的发挥。随着多媒体技术和互联网技术的广泛应用，知识的传播速度呈几何状递增，知识的传播收单开辟了大学教育的全新视野，借助互联网技术，传统大学引以为傲的教学资源得到了更大程度的扩充，课堂也从单一的教室扩充到各个角落，知识的传播突破了传统的时空限制，打破了原有的传播疆界。在这种新形势的影响下，大学文化的生态格局也将发生深刻的变化。近几年，党和国家对我国的互联网建设、应用和治理的力度不断加大，重视程度也越来越高。中共十八大报告明确把“信息化水平大幅提升”作为2020年全面建成小康社会的目标之一。《中共中央关于全面深化改革若干重大问题的决定》等一系列文件对互联网的建设和管理做出了重要论断。习近平总书记在多个场合、多次讲话中明确表达了对互联网的高度重视。大学文化作为社会文化的排头兵也应该跟上互联网时代的发展步伐，不断丰富和优化自身结构，形成健康、积极、和谐、共生的大学文化生态系统。

---

① 第39次中国互联网络发展状况统计报告［R］. 中国互联网络信息中心，2016.

生态，是现代科学的一个概念，是指生物的生存状态，包括生成条件、相互关系等，是机体与环境相互适应的状态以及适应过程中的相互关系，由德国生物学家海克尔于1866年正式提出。良好的生态环境是生物生存和发展的基础，生态环境不佳，不仅影响生物本身的发展，而且影响生物的生存。今天的生态文化已经突破了单纯的环境科学，扩展到人类学、社会学以及整个的人文社会科学。这也从侧面反映了一个事实，全新的生态文化社会正在逐步形成，大学文化作为整个社会大系统中的子系统，也将必然做出改变。20世纪80年代，美国社会学家朱利安•斯图尔德提出了"文化生态"[①]的概念，其理论核心是指将全球文化圈视为一个整体的大文化生态系统，鼓励呈现文化的多样性，实现整个文化系统的协调发展。而这个文化生态系统，就是一个影响文化产生、发展的自然环境、科学技术、生产体制、社会组织及其价值观念等不同的变量共同构成的完整的体系。文化生态学是一门利用生态学的方法研究文化学的新型的交叉型学科，是研究文化的存在和发展与资源、环境之间规律的科学。在发展的过程中"文化生态"和"生态文化"是两个不同的概念，文化生态的特点是以生态学为主的文化学，是以文化为研究对象的生态学，因此文化生态的完善和应用对于文化的发展和社会的进步有促进的作用。从生物学的角度来分析，生态系统是指包括整个生物群落及其所存在的环境系统的整体（包括物理环境和化学环境），在这个系统中各种生物学和非生物学的因素协同作用，达到平衡和谐的状态。在生态系统中，任何因素都是维持生态平衡的不可或缺的能量。生态系统中的各类元素之间都是相互依赖的，任何一种因素受到影响，其他的部分也会受到牵连。生态系统是人类赖以生存的物质环境，生态系统最主要的特征就是生物物种的多样性和复杂性。其实文化的存在何尝不是一种广泛的生态，在文化生态系统中，各类文化繁衍、发展，成就了不同的文化特色，任何一种文化因素，不管其在文化生态系统中的地位和比重如何，都有其存在的价值，每一种文化的存在都是合乎情理的，因此文化生态中，各因素的平等与多样性是必然的，文化的多样性也就是必然的。大学作为文化的传承、传播和创造者，其校园文化是社会文化生态系统中的子系统，必然也存在着自己的生态。大学校园的物质文化、制度文化、组织文化、行为文化、精神文化、学术文化等生态因子之间相互作用、相互影响，共同构成了大学文化的

① 刘新生．大学文化建设（上）[M]．济南：泰山出版社，2010：219.

生态系统。物质文化如校园设施、建筑特点、校园绿化、环境布局、人文景观、教学环境等，对于陶冶情操、促进师生的身心健康有着重要的影响；制度文化，例如规章制度、管理机制等，是规范师生行为、维持学校正常运转和教学教研的保障基础；精神文化和学术文化是一种无形的文化氛围，使人受到感染和教化，对个体和学校的发展都会产生长远、持久的影响。

但是，我们现在看到的却是另外的一番景象：自然生态系统不断遭到破坏，生物的多样性急剧减少，消失的物种越来越多。文化生态也面临着同样的遭遇，在全球一体化的席卷之下，不少的文化传统和文化特色也逐渐地被弱化和逐步消亡，甚至衍生出了畸形异体。走进21世纪的人们，一方面享受着物质文明高度发达带来的福祉，另一方面也遭受着精神文化淡化的空洞，生态的破坏、人文精神的衰退和削减、文化垃圾的泛滥、文化关系的失衡都影响着人们的生存状态。社会的隐形投射对大学文化的发展也有着影响，大学不再是一方净土，校园不再是象牙塔，区域封闭、学术质量下降、创造力匮乏等文化失衡现象正在贬低着大学的神圣，消解着大学的力量与品格，吞噬着大学人的努力与奋斗。因此，大力发展人与自然和谐相处的生态文化，促进物质文化、制度文化、学术文化、精神文化等大学文化生态子系统的良性互动、和谐共生，是做好大学文化生态建设、提高大学综合竞争力的重要因素。

一、大学文化生态的内外部形成机制

大学文化的建设和首先要立足大学教育发展的高度，服务和服从于我国和谐社会的建设目标，因此大学文化的建设目标和建设内容应该以和谐发展为核心，以科学精神与人文精神的和谐、自然与社会的和谐、人与人的和谐为主题，以人的思想道德素质、科学文化素质、健康素质等的全面提高以及良好的育人环境为主要内容，尊重多样性、包容差异，要从科学发展观的高度，认清高等教育的新阶段、新特征。当前我国高等教育已经进入新的发展阶段，正处于历史性的转折时期，新阶段的高等教育正在由规模发展转变为质量发展，由外延发展转变为内涵发展。大学的文化建设必须顺应这一新思路、新要求，立足现实、与时俱进，在不断的变化发展中开拓创新。

在大学文化生态的建设过程中首先要关注大学人的全面发展，文化的发展和创新首先是人的思想解放的过程。大学文化生态的建设也是满足大学人精神需要的过程，时代越是进步，大学人的精神世界越是需要丰富和发展。在全球经济多元化的今天，思维方式的创新性、主动性和自主性将增强行为的能动性和自主性，所以今天的大学文化生态有着浓厚的时代特色，引入了更多的开放性、自由性、社会性和价值性的思维方式，引导大学人在纷繁复杂的过程中克服全球化、现代化中产生的各种精神的异化、焦虑、紧张、失落，重建大学人的精神家园和价值体系。

在大学文化生态的建设过程中，大学文化建设尤其要注重培育和弘扬现代大学精神，使其在整个社会先进文化系统中起到引领、辐射和推进的作用。大学精神是一所大学赖以生存和发展的精神支撑，是民族精神和时代精神的重要组成部分，沉淀着高等教育的历史文脉和精神传统，凝聚着几代大学人的精神力量和精神追求。大学文化作为当今高等教育进步发展的桥梁纽带和思想观念创新的源头，日益成为传承民族优秀文化、孕育时代先进文化的摇篮，培育当代大学文化生态的土壤，应当倡导以大学精神、大学品格为核心的理论基石，重视学术文化建设，营造追求真理、尊重科学实践、坚持诚信治学的文化建设内容，发挥大学人的创造性和主动性，结合时代特征和学校特色，不断满足大学人日益增长的文化需求。

任何文化的生命力、延续力都有赖于其自身的不断创新、丰富和发展，文化生态的和谐繁荣离不开各个生态因子的和谐共建。文化创新是文化建设的灵魂，文化创新是对原有的价值体系、心理定式、思维方式的解构，也是新的观念、知识、体制的建构；它是对传统惯性的消解，也是去粗取精的重铸。从这个意义上来说，文化创新不仅仅是对文化内容的激活，也是对文化表现方式的转型，必须坚持时代性、整体性、系统性和前瞻性，既包括文化价值观念的创新，也涉及知识体系、思维方式等诸多方面的创新，培养大学人对已有文化的批判性思考能力、继承创新能力和创新能力，在强调大学文化创新功能的同时，也要兼顾其他文化生态因子的共同进步，维持整个文化生态的有序运作。

整个大学文化生态的构成、建设和繁荣的过程，离不开民族精神的引领。民族精神是一个民族在历史的文化实践活动中内化在一个民族的主体中的、由历史凝聚而成的稳定的精神气质，作为一种无形的物质存在，是一个民族赖以生存和发展的精神支撑，是一个民族活的灵魂，在建设大学文化生态的过程中，要重视民族精神在整个生态系统中的作用和比重，在实践中不断弘扬民族精神，重视民族精神、民族文化的鼓舞性作用，合理引导、积极利用，带动文化生态的欣欣向荣。

历史的发展、时代的变化、实践的需求都是当代大学文化生态建设需要借鉴和利用的外界因素，人类不断优化的努力是文化生态建设的内驱力。大学是文化的高地，大学文化生态是各种先进文化的集结和交织。因此，在维持大学文化生态平衡的过程中我们应当以发展的眼光看问题，遵循大学文化发展的一般规律，放眼全局，文化批判与文化兼容相互协调、文化积累与文化创造相互连接，以积极的姿态借鉴大学文化生态建设的经验，有选择性地进行改革，达到生态平衡、和谐有序的目的。

20世纪80年代以来，我国实行了持续而渐进的改革开放政策，整个社会结构实现了从计划经济向市场经济、从农业社会向工业社会、由欠发达国家向现代化国家的转型。自邓小平同志提出全面改革开放，我们国家就实现了前所未有的快速发展，大学校园文化生态建设也在改革春风的感召下进入了全新阶段。这一社会转型带来了一种完全不同于以往的深层文化变革，不仅使人们的社会生活、价值观念、行为方式和思维方式发生了巨大的变化，大学和大学人正经历着社会剧烈转型所带来的方方面面的洗礼。应当肯定的是，随着全球化的深入渗透和社会转型，我国大学校园文化生态建设总体上呈现出一种积极向上、和谐发展的趋势。但从大学校园文化的现状来看，全国范围内的大学校园文化生态存在失衡，大学校园良好的文化生态环境面临挑战。当今，大学校园文化生态建设面临着世界各国不同文化的冲击，面临着一些外部错误思想文化的牵制，存在着一定的发展问题，特别是商业化、工具化的趋向使大学校园文化生态建设已到了关键时刻，我们对此不容忽视。

1. 大学文化生态建设趋同化

高等教育大众化实质上是一种变相的“扩张式的精英教育”[①]，这种教育更加注重过程中个性的张扬，目前我国大学文化建设过程中存在一种趋同化的现象，即在大学文化建设中机械模仿、全套照搬的现象比较突出。造成这种现象的原因，一方面是我国高等教育的建设起步晚、底子薄，在相当长的时间里只是一味地照搬苏联模式，在文化建设方面缺乏内在动力，形成了惯例效应，难以突破；另一方面则是各高校办学特色没有得到充分的体现，对自身的优势

---

① 何中杰．大学文化生态体系的构建及路径研究［D］．广州：暨南大学，2014.

认识上存在偏差。大学只有在充分认识自身特色的基础上才能形成有特色的文化。从长远来看，大学的合理发展必须结合自身的实际，建设符合自身特色的大学文化，只有这样，大学文化才具有生命力，正是不同特色的大学文化的存在才形成了高校教育欣欣向荣的景象，特色文化是大学的立足之本，必须避免高等教育大众化发展之后的“趋同化”现象，要遵守文化发展的规律和要求，分析原因，形成特色鲜明的高校文化。

2. 大学文化生态建设边缘化

大学文化生态建设边缘化的后果就是大学文化生态在高校中无法实现价值导向、陶冶情操、凝聚力量的作用。大学文化生态建设在高等教育大众化的推动下出现了边缘化的现象。大学文化生态缺乏必要的人文教育内容，没有得到充分的认识和重视，仅仅在表面上做文章是无法体会到大学文化生态内部深层次的内涵的。当前的大学文化生态建设缺乏精神实质，大学的人文精神教育是一所大学发展的内在推动力量。高等教育走下神坛、走向大众的主要目的就是充分体现人的价值和实现人的价值，而实现这一目标的前提就是给予必要的人文关怀，实现从物质性存在到精神性存在的转变。如果一味地将大学文化生态的建设和发展停留在表面上，忽视有深度、有层次的内涵建设，就会出现大学文化生态内涵的空洞和缺失，造成虚假繁荣。

3. 大学文化生态建设价值的缺失

有学者曾经指出大学作为研究和传授科学的殿堂，是教育新人成长的世界，个体之间存在着富有活力和生命力的互动，是学术蓬勃发展的世界。而目前的大学文化生态存在一定程度的价值缺失的现象。大学文化生态应该有相对的独立性，但并不能因此就脱离和社会的联系。大学文化生态的确应该有自己的价值取向和立足点，其建设和发展必须保持在与社会充分连接的前提下，树立自己的价值取向。这既要充分依赖社会存在，与普遍的社会现实连接，又要有针对性地甄别，不能过分地依赖某些社会群体和社会风气，在选择的过程中，应该取其精华、去其糟粕，否则就会出现价值取向的偏差。

4. 大学文化生态的主流文化声音弱化

主流文化，是对社会起着主导作用的文化。不同时期具有不同的主流文化。主流文化以其突出的时代性深刻地反映着我国改革开放的时代精神。它不是封闭的文化，而是有着海纳百川的气场和胸怀，在弘扬时代主旋律的同时积极借鉴其他文化，在各种不同文化的碰撞下发展，自身不断完善和进步。在多元化的今天，大学校园文化生态建设应该在以社会主义核心价值观为基础，加强大学校园文化的个性化发展。然而，由于改革开放和社会的巨大转型，大学校园主流文化正受到来自不同文化的猛烈冲击，严重影响了大学人的思想观念，阻碍了大学校园文化生态建设的健康发展。

5. 大学精神的失落

大学时代是人生的黄金季节，大学生应充满朝气活力，富有知识和智慧，志向远大、拼搏上进。然而，在社会迅速的发展以及城市消费理念日益浮华的背后，许多大学生萌生出了严重的享乐意识，缺少使命感、责任感，与大学精神背道而驰，更与传统文化所倡导的“大学之道”相差甚远。对于一所大学来讲，如果失去了大学精神，这所大学就失去了其存在的价值和意义。大学精神既是对民族文化精神的传承，也是对传统文化精神的升华，更是对现代文明精神的追求与向往。大学精神的发展直接影响着一所大学的生存和发展，没有大学精神，大学将难以生存，会逐步被兼并而不复存在，大学精神是大学赖以生存发展的潜在生命力。当今大学由于过多受到国内和国际多种因素的影响，新的适应社会发展的大学文化及其精神价值尚未形成，大学校园中普遍存在责任意识缺乏、生命意识淡薄的现象。

文化生态①，也就是说文化如同生命体一样也具有生态特征，文化也类似于生态系统的一个体系而存在。文化生态概念包含两方面的内容：第一，文化作为社会发展的一个部分，同社会其他方面相互协调和互动，形成文化的外部生态秩序；第二，文化本身作为一个有机整体，其内部各要素之间也相互协调，从而促使各文化样式和文化板块都得到相应发展，促进文化内部要素的平衡，增强文化张力，进而形成文化内部生态秩序。

从大学生态文化系统的必备条件与内外环境来看，文化生态概念参照环境生态、自然生态而建立。文化生态概念借用“生态”这一原本反映自然、环境状态的词，形成文化生态的基础概念，表示文化存在和发展的环境、秩序、状

① 王少安，周玉清．大爱精神与大学文化［M］．北京：人民出版社，2008：125-131.

态等。其目的在于表明文化现象和自然现象一样有其生存和发展的环境、条件和自身内在的秩序和规律。从人类文化的发展来看，人类文化由科学文化向生态文化转化这样的文化发展模式也必将引起大学文化乃至教育理念的变革，大学文化生态化改革也必将成为21世纪大学文化建设的主流。大学文化生态作为大学生态文化系统中的一个分支，强调一定程度的组织性和主体参与性，在这种观点的影响下，把文化的发展和教育环境作为相互作用的网状立体整体，注重和谐与整体，力求使大学文化的发展环境符合生态学角度的可延续性发展。

现代生态学的观点认为，追求人与自然的和谐共进，着眼点应为环境、资源、发展的协同，通过生态系统的优化，使资源获得最大限度的利用，实现生态资源最大化利用。大学的文化氛围不是一蹴而就的，而是需要通过几代甚至几十代大学人共同努力，带有明显的时代特色和丰富的人文特点，作为一种无形的物质存在，它潜移默化地影响着大学人的言行举止。如果整体的校园文化氛围是大多数大学人所遵守和认同的，是健康积极的，那么生活在这个文化共同体中的个体将收益。同样，大学文化的氛围不是一成不变的，校园文化与社会文化总是在不断地交融、对峙、共生、融合，一定时期的大学文化总是受到特定时期社会文化的滋养，是社会文化的排头兵，也是社会文化的重要组成部分。每当社会文化面临思潮变革引起新的变革时，校园文化必然也从这种变革中汲取新的养分。从大学文化发展这一特点来说，结合生态学的特点，大学文化生态应从可持续发展的角度，顺应时代的要求，营造和谐的文化氛围，达到自然共生的目标，实现自然一空间一人文三位一体的和谐共进。从校园生态的角度来看，大学文化和谐发展离不开大学人的和谐，大学应鼓励和打造绿色的人际关系，即实现人与人之间顺畅交流、相互关心、和谐进步、协同合作的人文生态，造就大学人自我把握的文化氛围，为大学文化的发展注入更多的人文气息和人文动力。

另外，大学是研究高深学问的殿堂，学术研究是大学文化的灵魂，也是大学逻辑的生长点，从大学发展的历程来看，知识的传递、传播、批判、探索、创新是大学文化不断向前发展的动力。从字面意思来理解，“大学”同它的名字一样探究世间万物，研究范围广，宽泛包容，走在时代发展的前列，引领潮流。因此大学文化生态的发展离不开学术生态的稳定，固守学术阵地、提高学术声誉，都是为了更好地营造学术生态环境。学术生态的概念是根据生态学、社会学和教育学三者理论糅合而生的，21 世纪大学校园的学术生态既是一种社会生态，也是一种教育生态，既存在于生物圈，也存在于智力圈。现代大学的学术生态，是由学术—人—环境共同构成的，是一个与外界不断进行能量交换、物质更迭和信息交换的结构系统。在这个大的系统中，大学“人”是共同的主体，通过一定的关系，结成一定的群体。“学术”是共同的追求目标。换句话说，大学的学术生态，是以知识分子为主体，为了实现学术研究和学术创新而共同缔结成一定组织，进行复杂的学术探讨和科学实验等科研活动的生态系统。大学的学术生态既包括个体生态也包括群体生态，无论是哪一种都应该秉承学术自由、学术真实的大学理念，真实和自由是大学生态的核心。

自由的学术氛围是孕育自然科学和社会科学创新思维的土壤，严谨认真的学术态度是进行学术探讨的基石。在一些创新观点提出之初会遭到一些权威人士的质疑和反对，只有自由的学术氛围和严谨端正的学术态度才能允许和验证新事物的存在。学术自由的匮乏和学术造假就会使整个大学学术生态犹如一潭死水，没有波澜，停滞不前。21 世纪的大学应是富于自由、严谨的学术殿堂，为创新人才的脱颖而出，为先进学术理念的不断涌现提供无限的发展空间。

在过去很长的时间里，人们对大学的存在有着一定的误解，都是孤立地理解“大学”的存在，随着互联网技术的不断成熟，今天的社会已经打破了原有的社会系统间的封闭与疆界，大学校园早已融合到社会系统中，伴随着网络与信息技术的发展，大学校园的辐射力度和辐射范围不断扩大，这种与社会生活连接的现象本身也说明了大学校园正在一步步地走向社会，从社会边缘走向社会的中心，实现了向社会各界的开放。因此，高等教育既是社会经济发展的动力也是文化发展的助力，更是推动社会不断向前的源泉，从这个观点来看，大学校园不仅要达到校园内部的学术生态平衡，还应该促使外界生态环境的优化，提高大学的社会认知和社会服务能力。21 世纪是知识经济的时代，大学要超越“象牙塔”，从社会边缘走向社会舞台，参与的人群应该由社会精英走向平民大众，由为经济服务的部门转成为经济发展的要素部门，在肩负历史使命的同时，大学仍应该在保持自身价值、遵循内在发展规律中寻求大学校园内各个生态因子的平衡。一方面，“象牙塔”精神在更广阔的空间产生影响，实现自身价值；另一方面，高等教育应该以更加自觉、积极的态度参与到现实生活中，为社会发展提供更广泛、有效、直接的服务。在走出“象牙塔”的过程中，必然要受到各种有形或者无形的社会存在的冲击，在受到冲击的时候，要坚守“象牙塔”的精神实质，象牙塔的精神理念依然是高等教育的核心与灵魂。走出象牙塔并不是“象牙塔”的消亡，而是将“象牙塔”的精神进行更广泛的宣传和应用，让这种精神在更广阔的空间产生影响。

现代大学一步步走向大众，融入社会，没有了之前的隐形围墙，充分显示了大学的开放性。大学校园的开放不仅是指面向社会各阶层的开放，更表现为面向世界的开放，特别是信息技术的发达，大学已经日益表现为一个“国际化”的组织。自我国成为WTO成员方之后，高等教育国际化的趋势就越来越明显，国际性的校际合作、校企合作越来越多，这种国际化趋势也推动着高等教育的国际化，必然会从经济、政治、文化等各个方面产生折射、辐射作用，为我国在世界经济竞争中提供人才培养与科技支持，为长期具有国际竞争力做出保证。从长远的发展来看，一方面大学将更广泛地与世界接轨，我国高等教育的发展成果也将置身于世界舞台，以国际化的视野和全球化的思维来推动我国高等教育制度的改革和发展，以更加开放的态度理解教育的本质，并以国际化的标准来评判和调整我国高等教育改革过程中的步伐和策略；另一方面，21世纪的大学校园将更加多元化，将注入更多的国际化教育信息和教育机会，实现教育资源的最大程度的利用，并实现资源共享。同时也将致力于国际校际合作、校企合作，树立国际化、全球化的意识，加强同国外高校在校园管理、人才培养方面的交流，开辟高等教育的国际市场，创造条件发展远程教育，以积极的姿态参与市场竞争，把中国高等教育与世界高等教育联系起来，走教育国际化的道路，立足于世界，着眼于未来，促使大学文化由原先的一元化生态群体转变为多元化生态群体，形成和谐、共容的良好生态面貌。

信息高速发展的时代也称为“地球时代”，生活在地球上的人们既相互独立又相互联系。教育学家金泰昌先生曾经对于“地球时代”[①] 做出了以下的解读：“这将是全人类的命运和出路都系在一起的时代，是需要全人类共同努力和合作才能走出困难（困境）的时代，是需要关爱人类共同家园的时代。”从生物学的角度来理解，生态的最大价值就在于生态提供了生物物种的生存空间和条件，既提供了必备的生理条件，也提供了文化条件。从这个角度来说，人类在整个大的生态系统中不再是单纯的主宰者的地位，更恰当的解读应该是

---

① 蔡劲松，等．大学文化理论构建与系统设计［M］．北京：文化艺术出版社，2009：29-33.

生态系统中一员，与其他生态因子一样，构成整个生态系统的运作。当前人类存在的最大问题从表面看是环境、生态、资源的问题，实质上是人类自身的问题。人类在向文明演进的过程中失去了对自然的敬畏和对生命的敬畏。迫切地需要对人类进行必要的文化教育。大学文化作为先进文化的代表之一，理应承担传播积极理念的作用，通过开展教育活动，丰富人们的精神家园，推进现代大学的可持续发展。

二、大学文化生态系统的功能性阐释

作为人类文化发展到一定阶段的产物，大学是知识传承、生产和创造过程中组织创新的结果。作为人类教育活动的媒介，大学是文化传承和知识创新发展的载体和阵地。在不同的历史阶段，由于人类知识体系自身的发展和大学内外部环境的变化，大学的功能也从单一的培养人才的教育功能不断地拓展为科学研究、社会服务等诸多方面，并且有越来越明显的开放性、国际性的特征。

从历史发展的角度来看，人才的培养是大学文化生态发展的第一要务，特别是近代大学的活动中，“教”和“学”始终是最具有能动性的内容，教学活动是大学的本质活动，师生间的互动是大学内部的主要关系。人才的培养是大学文化生态圈的建设核心，在人才培养的基础上进行学术探讨和科学研究是近代大学向前发展的动力之源。随着时代的不断变革，大学文化生态的触角不断向更广阔的空间延伸，不仅仅局限在校园内，还体现在其他社会生活中，知识传播和知识产生的价值，最终体现在知识对人类生活质量的提升上，即知识转化为生产力，使知识更好地服务于经济发展和社会生产，直接为人类的进步服务。在社会服务的过程中，知识的传播又不断影响着文化思潮，引导着社会变革，参与社会决策。放眼整个大学文化生态，我们可以看到大学文化的传播和发展不仅是把固有的知识和经验传送给更多的人，使人类的文化成果走向更高的水平，同时通过传播知识使社会个体(团体)在文化学习继承的基础上通过不断创新推动社会的不断进步，促进社会化的进程和速度。从大学文化生态的本质上讲，人才培养、学术科研、社会服务和文化传承都是大学文化生态系统在功能中的具体体现，是大学文化生态全面向前发展的共同基础。缺少任何一个层面都会影响整个生态系统的稳固性，人才培养是基础，学术研究是动力，社会服务是深化，文化传承是表现。它们相互独立又相互联系，从不同的角度和方向对大学文化的建设发展、对社会的进步产生综合影响，在发挥作用的过程中相互融合促进，为人类社会的发展做出贡献。

有大学就会有大学文化，有大学文化就会形成大学文化生态。大学文化是大学文化生态滋生的土壤。在我国研究大学文化和大学文化建设的时间并不长，对于大学文化生态的研究近几年才刚刚起步。从字面意义上来说，大学文化生态是指以大学人的行为、思想为主要动力源所产生的大学里所有大学人的一切活动方式、活动过程及其活动结果的统称。大学文化生态有精神的、制度的、环境的、行为的等多种文化形式，是主体与客体在较长的时间内形成的，较为独特和稳定的文化形态。

作为一种独特的文化氛围和特有的文化主体，大学文化生态是多重文化的源泉，代表着一种新生的文化，同时又不断有新的力量加盟，给大学文化建设带来新的思想、新的观念、新的生机和活力。同时大学文化生态还具有自己相对独立的文化传统，任何文化都是在已有的文化基础上建立和发展起来的，大学文化也是要坚持、继承和发扬人类已有的一切优秀文化成果，与传统文化、民族文化也存在着交融和创新。与其他文化相比，大学文化生态有着一个特殊的文化源泉，前人已有的文化成果，特别是几代、几十代大学人，经过长期的奋斗和不懈的努力建立和积累的办学思想、办学理念、优良的校风学风、学术研究等积极的大学文化成果，使得每一所高校的大学文化生态都有着自身特有的历史烙印。再者，大学文化具有较高的文化品位，大学作为探索和研究学问的场所，是社会知识精英的集结地，是先进文化和重要理论的发源地。以广大教职员工为代表的大学人绝大多数都经历了长期严格、艰苦的学习，具有较高的文化层次和文化创造能力，文化欣赏和鉴别能力也优于其他社会群体；广大的青年学子，寒窗苦读十几载，具有良好的文化基础，并且处于追求知识、追求真理的旺盛时期，对吸收和创造高品位文化有着强烈的欲望和期待，并能积极投身到大学文化的创造、创新活动中去。从总体上说，大学文化生态主体思想敏锐、知识渊博，有较强的专业性，所以大学文化往往成为时代文化的排头兵。

大学文化生态的主要内容大致包括四个方面，主要是“大学的精神文化，大学的制度文化、大学的环境文化和大学的行为文化”[①]，这四种文化相互区别

① 卢芳．社会主义核心价值视野下的大学校园文化生态建设研究［D］．延安：延安大学，2015.

又相互联系，构成了大学文化生态的有机整体。

大学的精神文化是一所大学的思想观念系统，看不见也摸不着，无形地影响着大学人的思维和行为，是大学人理想、信念、价值目标和观念体系的综合。其主要内容包括：大学办学的指导思想和办学理念；校风、学风、校训等形式表现出来的大学人的精神风貌；以校徽等有形标记标志出来的独具特色的大学精神。这几个方面共同组成了大学精神文化，成为大学发展的精神动力。

大学的制度文化是指在大学特定的组织环境内，大学的管理者制定的各种管理制度的理性原则、价值取向、道德标准、利益观念等一系列的观念体系，以及由此产生的制度体系和所有的大学人对于制度的理解和态度的总和。主要内容包括：国家制定的高等教育法律、法规、政策、条文；地方教育法规；学校内部的各项规章制度。这几方面共同构成了大学制度文化的有机整体，为大学的生存发展提供制度环境。

大学环境文化主要指的是大学的物化形态，即是指大学的物质环境文化，是大学人生存和发展的物质条件。主要包括：大学所处的地理位置与地理环境；大学的规划与布局；大学校园内各种房屋、建筑、室内外景观设施；各类图书资料、教学材料、文化典籍、报纸杂志等大学文化传播的载体设施；大学的网络文化等。这几方面共同依存发挥着环境育人的作用。

大学行为文化是指大学人在教学科研、学术交流、生活服务等具有文化意义的实践活动中所体现和创造的文化，既包括管理人员的行为文化、教学人员的行为文化、服务人员的行为文化，也包括学生的行为文化。这几个方面相互作用，相互影响，共同规范和调节大学人的行为，推动大学的文化建设。

需要说明的是，对于大学文化生态因子的解读，目前还没有统一的标准，上述的精神文化、制度文化、环境文化和行为文化，不同的学者也有着不同的解读。同样这四种因子的逻辑顺序也并不是一成不变的，大学文化生态各个构成要素相互联系、密不可分。大学精神文化贯穿于大学制度文化、环境文化、行为文化之中，是整个大学文化生态的核心与灵魂；大学制度文化是大学精神文化的凝集，同时也是大学环境文化、精神文化和制度文化正常运作的重要保证；大学环境文化体现着大学精神文化，尤为大学精神文化、制度文化、行为文化的正常发展提供物质载体；大学行为文化体现着大学精神文化，受大学环境文化的影响，为大学制度文化所制约和规范，推动大学精神文化、制度文化和环境文化的发展。这四个要素在大学精神文化的层面实现最高层次的统一，因为大学的精神文化兼有大学精神的抽象性和大学文化的具象性，在整个文化生态体系中，大学精神文化的位置处于比制度文化、环境文化、行为文化高一个层次的地位，起着上承大学精神，下启制度文化、环境文化、行为文化的作用。从大学文化生态对大学和大学文化建设的意义来分析，任何学校的生存和发展都需要一个良好的校园文化生态，不同类型和不同层次的学校，主体和环境之间的作用方式和作用程度不尽相同，对于生态平衡、生态和谐的要求也不相同。相比较而言，大学的生存和发展对于大学文化生态的依赖程度要高得多。

首先，大学具有多学科、宽学科的特点，对于物质环境的依赖程度比起其他层次的学校要大，如何塑造优化的校园环境，合理分配教学资源和教学设施，有效利用现有的物质资源，形成整体文化具有特殊的生态效应，对每所高校来说都是迫在眉睫的问题。而且随着高校的扩招，学校面积得到了有效的扩充，多科类、多校区的大学逐渐增多，空间和教学资源的恰当配置，如何改善因为多校区而产生的空间阻断，各部门之间的离散性，满足学科交叉融合的要求，也是一门大的学问。另外，如何美化校区，在多个校区之间形成整体互补、赋予整个校园环境更多的人文气息，更是影响大学校园文化生态功能发挥的重要因素。

其次，大学作为一个规模庞大的社会组织，其组织管理和人际交往方式是十分重要的文化生态因子，庞大的规模必然带来组织结构和管理的复杂化。如何构建基本的组织单元，划分权责，建立和健全各项规章制度，设立科学高效的激励制度，促进内部的和谐共进，对于实现大学的既定目标有重要的影响。大学是年轻人集中的地方，大学生青春躁动、旺盛的精力、对于时尚和新生事物的追求，在大学环境内部形成了一道特殊的风景。在大学生群体生态中，生活环境所带来的压力，并不亚于学习和研究。学生家庭出身的贫富差距、文化差距、个性差别、心理素质差异、知识水平的差异等都会带来日常生活中的关系紧张。如果没有得到有效处理，不但会影响到个体与群体的关系，还会严重地影响个体的整体发展，打破原有的生态平衡，影响学校的稳定和发展。此外，目前各高校学生的层次参差不齐，不同程度地都存在大学生个体边缘化的问题，学校的规模越大，这种情况就越明显。如何实施科学的学生管理，减少边缘学生，成为大学不可忽视的问题。因此，科学的学生管理制度，打造健康的人际交往方式，其生态效应不仅在于保障基本的生活需求，更在于打造一种制度文化的氛围，使广大师生在生活和学习中学会正确的行为规范，学会与他人相处，与自己对话，营造健康的身心。

再次，大学作为知识创新、人才培养的基地，其精神文化和学术氛围更是大学可持续发展的核心和灵魂。大学之所以称为“大学”，主要是因为大学的学术研究的起点高、培养人才的层次高。大学存在的价值，在于大学是知识创造的源泉和文化传播的基地。知识创造和人才培养都有着自身的规律，学术研究上的充分自由，对未来事物的勇敢探索，充分发挥个性资源，是大学生存发展的基本保证。因此，精神生态、学术生态对于大学来说具有特别重要的意义。校园的人际关系、舆论氛围、师生的精神面貌、人文精神的沉淀与优势、学术的传统与风尚等构成的精神文化生态，是能否完成其社会使命的关键。创新是一个民族进步的灵魂，是一个国家兴旺发达的不懈动力，特别是随着知识经济时代的到来，知识创新越来越成为社会创新的基础和核心。无论知识创新还是人才培养都要依靠教育。大学是研究高深学问的重镇，是高素质人才的摇篮，创新精神必然成为大学文化生态的基本内涵之一，因此，创造一个有利于知识创新的良好学术生态和文化生态，对于大学的生存和发展至关重要，是大学生存和发展的核心要素。

由于大学事物的多样性和人们对大学文化生态认识的差异性，人们对于大学文化生态的功能的认识也不尽一致。具体来说，大学文化生态主要具有以下几类功能。

（1）导向功能。

导向功能是指大学文化生态能以直接或者间接的方式，促使大学人形成和确立正确的价值目标，进而引导大学人的人格完善和全面发展。这种作用主要来自于大学的精神文化，能够促使大学人正确地认识社会发展的规律，明确社会和时代发展的方向和趋势，形成正确的世界观、人生观、价值观和荣辱观，确立正确的人生态度和目标，形成全局意识，用发展的眼光看问题，引导大学人正确地向前进。不可否认的是，大学环境文化、制度文化和行为文化也有着确立目标、合理引导的功能，科学的、合理的制度，都会传递正向、积极的信号，潜移默化地教育和引导正确的行为。

（2）约束功能。

约束功能是指大学文化生态对大学人的规范作用。这种规范以大学制度文化为基础进行自检、自查、自我约束。制度一旦内化成人的潜在意识，会使大学人自觉地约束和调整自己的行为和思想。结合教学制度、管理制度、科研制度等各项制度文化对大学人进行有参照目标的有形的约束；大学环境文化从宏观上决定了大学人活动的心理状态、组织形式、活动内容的空间范围；大学精神文化通过影响大学人的理想、信念、道德、意识、价值观等，从心灵深处影响和约束着大学人的行为方式和精神面貌；大学行为文化则直接通过大学人之间的相互作用，影响和制约着大学人的行为。大学文化生态的约束功能的充分发挥，将有助于形成安定有序的和谐校园，提高大学人的生活质量和办学水平。

（3）凝聚功能。

凝聚功能是指大学文化生态的向心作用和内聚作用，是大学精神文化、环境文化、制度文化和行为文化的合力体现。大学精神文化确立的是大学人共同发展的目标和价值追求，是凝聚功能的思想基础和精神动力；大学环境文化确立的是大学人的归属感和认同感，有助于缓解和化解大学人之间的误会和矛盾，改善大学人之间的关系，大学制度文化有助于巩固和形成大学人之间的稳定关系，特别是共同利益关系，是凝聚功能的基础；大学行为文化是沟通大学人之间关系的纽带和桥梁，是推动和发展大学人关系的重要途径，是凝聚功能的行为基础。这些作用，归根结底体现为共同的文化观念对大学人力量的凝聚。这些凝聚作用的发挥，将增强大学人之间的团结互助，形成和谐校园，推动大学文化生态稳定发展，推进大学各项工作全面发展和进步。

（4）激励功能。

激励功能是指大学文化生态能够激发大学人的积极性、主动性和创造性，促使大学人形成不畏艰险、开拓进取、奋发有为的精神，这种功能来自于大学精神文化的科学目标，来自于大学制度文化的赏罚有章，来自于大学环境文化的潜移默化，来自于大学行为文化的端正严谨，来自于大学文化生态对大学人物质需求和精神需求的满足。激励功能的发挥将为大学的发展提供源源不断的动力。

（5）辐射功能。

辐射功能是指大学文化生态对社会文化的带动和促进作用。文化间的交流和学习是文化发展的普遍现象，精神之间的相互感染和影响是精神发展的共同规律。大学是人类社会一切优秀文化成果和优秀精神的汇聚地和发散地。大学拥有雄厚的人才储备，不断地创造着新的文化、新的精神，是文化创新的基地。同时大学是人才培养的基地，当代社会的优秀人才，大多都受到高等教育的洗礼，这就使得大学文化在整个社会文化中处于领先地位，当更多的青年学子学业有成、走上工作岗位的时候，就会带动和促进整个社会文化和社会精神的发展。充分发挥大学文化生态的这种辐射功能是大学的重要使命。完成这个重要使命，将有助于发展社会先进文化，促进整个社会文化和精神的健康发展。

这些功能相互联系、相互影响，明确了大学文化生态的建设方向和建设要求，为广大的大学人注入了新的活力，调整和规范着大学人的行为，凝聚着大学文化建设的力量，辐射和带动着整个社会文化的发展和进步。

现代大学的可持续发展固然依靠现代化的物质生态文化，但也需要依靠浓郁的人文气息，一所名校的成功，所依靠的和让人折服的不仅是标志性的大学建筑，更是标志性的理念和文化。构建和谐的大学校园文化生态，是新时代大学可持续发展的生命力所在。

(1) 塑造高雅文明的校园环境。

马克思曾经说过："人创造环境，同样，环境也创造人。"良好的校园布局、建筑风格、绿化美化以及环境中所蕴含的人文气息，是无声的育人载体，对于陶冶师生情操、启迪智慧、沉淀高雅的大学文化，具有潜移默化的巨大作用。曾经有学者提出过：文明的大学校园应该以物质和心灵取得调和的自然共生型社会系统为目标。因此，大学校园环境的塑造应该按照花园式的文明校园、迸发师生新思想、塑造青年学子的健康人格为标准，塑造一个环境优美、格调高雅、人文与自然和谐、传统与现代交融的现代化大学校园，充分赋予校园内的建筑、设施、环境以丰富的文化内涵，让校园的每个角落都散发出大学的荣耀历史、不俗品格和高等学府特有的知识殿堂的庄严、神圣和凝重肃穆，时时处处展现出现代大学的科学、文明与进步，充分发挥校园环境陶冶性情、修身养性的功能。

(2) 构建科学规范的管理生态。

管理不仅是一门学问，还应该是一种文化，管理工作有它自己的价值观、信仰、工具和语言。大学的组织管理是校园文化生态系统中一个重要的子系统，组织管理的优良与否，直接影响大学的办学效益高低和育人功能的发挥。因此，大学应该以"和谐"为价值观，坚持"以人为本"的信仰，以"科学的组织，合理的制度"为载体，以"生态系统的管理方式"为工具，以"恰当的人文关怀"为语言，构建一个机构设置科学合理、权责分明，制度健全、运转高效，既体现人文关怀又体现科学化、规范化、制度化的可持续发展的管理生态，既满足人的要求，又与自然规律和谐一致，既有浓厚的人文关怀，又有规范严格的秩序，能激发师生全身心投入工作学习并主动关心学校发展，自觉参与学校管理的积极性。

(3) 营造和谐浓郁的文化氛围。

办大学办的就是一种氛围，大学的教化在很大程度上取决于大学文化的氛围。为大学提供精神养料的和谐文化氛围是大学校园文化生态的核心和灵魂，校风、学风、师生的精神面貌以及团结和谐的人际关系对于青年学子的影响是巨大的、持续终生的。如果一所大学历经沉淀的无形的校园氛围和为大多数人所认同的行为原则是和谐的、健康向上的，那生活在这一文化共同体中的个体将是受益无穷的，校园的这种文化生态氛围无疑对促进大学文化的健康发展起着积极作用。新时代的大学必须致力于和谐文化氛围的营造，在借鉴历史和现实社会大系统各种成果的基础上不断发展和创新。目前，人与自然和谐共进的生态文化已经成为社会文化的主流，大学校园必须从可持续发展的角度，营造积极向上的舆论氛围、奋发进取的精神氛围和团结和谐的人际关系，即人与人之间相互关心、团结合作、协同进步的生态环境，造就学生自我把握的文化氛围。成功的大学最大的利器与其说是“精神物质化”不如说是“物质精神化”。只有灌输了某种精神，校园的一切才有了生气，这种精神才能成为积极的教育因素。

(4) 构建大度包容的学术生态。

大学是传递和探究知识的机构，不仅传递着深奥的知识，还帮助大学人分析和批判现存的知识，探索新的知识。学术是大学的逻辑起点。对知识的传递、批判和探索是大学永恒不变的主题。大学学术研究能力的开发，本身就孕育着未来经济社会发展的萌芽，把川流不息的知识转化为技术创新的源泉是大学学术研究的一项任务。同“大学”的字面意思一样，探究宇宙万物，大度包容。为了巩固学术城堡，提高学术声誉，新时代的大学必须致力于构建良好的学术生态。学术自由是大学文化生态中核心的生态因子，自由的学术氛围是孕育科学创新思维的土壤。在一些创新观点提出之初，会遭到一些人甚至是学术权威的质疑和反对，只有自由的学术氛围，才能允许创新思维的存在。学术禁锢会限制学术追求，更谈不上学术创新。新世纪的大学应该是富有自由精神的学术殿堂，为创新人才的脱颖而出和学术大师的涌现提供无限的发展空间。

(5) 构建开放有序的信息生态。

伴随着网络和信息技术的发展,大学校园的封闭状态被完全打破,大学校园和互联网的相互影响越来越密切,大学校园也在这种趋势的影响下融入了社会整体系统,实现了大学对社会的开放。在纷繁的环境中,为了保持大学在网络时代健康平衡的发展,增强大学校园和大学文化的社会辐射能力,大学应致力于构建以发达的计算机网络为核心的技术支持,以信息资源的充分共享为手段,以培养善于处理和利用信息知识的大学人为目的,以大学校园成为整个社会知识创新与传播中枢为社会效应的信息生态。在这样的信息生态中,网络与人和谐共生,信息资源平等共享,校园内外信息畅通,沟通交流规范有序,既能广泛接纳外界的教育资源,又能积极传播大学的精神文化,在良性的生态循环中科学发展,使大学成为先进文化的发源地和示范点,推动社会的全面进步。

大学的生成,即文化的成长。大学从创建初始,就在一直孜孜不倦地营造校园氛围、培育校园文化,突出校园特质。有了校园,随后就有了芳草如茵,有了红花绿柳,有了亭台楼阁,有了琅琅的读书声,有了风华正茂的青年学子。然后,在大学教师的影响下,在师生的互动中,在理想和现实的交锋中,诞生了人文掌故,延续了校园传统,积淀了校园文化,砥砺了校园精神,影响着高校前行的方向和中国先进文化的方向。大学文化是多重文化要素相互作用的结果,大学文化生态的形成是多重文化要素久经磨砺、相互影响、产生文化积淀并最终凝练成独特的价值观念和精神气质的过程。目前影响大学文化生态的主要因素有以下几点。

(1) 领导班子的舵手效应。①

曾经有学者说过,一个有战斗力的党委就是最好的舵手,一种先进的办学思想就是一面旗帜,一个好的高校管理者就是一所好的大学。世界上大多数国家都是以党治国,帮助广大青年学子在求学期间了解政党的历史和革命传统,增强对领导集团的信心,吸纳更多的优秀青年参与其中也应该是高校的重要职责,党风是校风、学风的先驱和灵魂,因此发挥党风建设的龙头作用,对于纯洁和净化高校的校风、学风意义重大。高校肩负着培养社会主义合格建设者的重任,更应该责无旁贷、旗帜鲜明地宣传党的纲领和主张,加强在青年学子和高知群体中的教育、引导、激励工作。

---

① 蔡劲松,等. 大学文化理论构建与系统设计[M]. 北京:文化艺术出版社,2009:212-219.

（2）知名学者的吸纳效应。

在高校里，知名教授和著名学者的存在会产生一个场的效应，散发巨大的能量，以这些人为主流的学术思想和治学态度深刻地影响着校园文化的氛围，推动和活跃着高校的学术气息，影响着学生的成长成才。

（3）多学科协同发展的共生效应。

各学科的设立组成了大学存在的基本要素，同时拥有多学科的大学也被称为培养高素质、有创新精神人才的摇篮，是推动知识创新、推进科技成果转化为现实生产力的基地。任何一所大学一般都经历了由单学科到多学科、再到综合性大学的发展过程，这种发展趋势有利于形成良好的学术生态环境，实现学科之间的生态平衡，各学科之间的碰撞和交流，也促进了新学科的诞生。

（4）青年学子的精进效应。

杰出校友的产生往往会对在校生产生强烈的示范作用和激励作用。一代人心中必定有一代人的偶像，榜样的力量是无穷的，作为精英人才，能够激励和促进广大青年学子向榜样学习。此外，在校园文化生态的建设中，学生既是受教育环境熏陶的客体，也是引领思维潮流的主体，因此学生的积极拥护和热情参与对于大学文化生态的建设和传承起着积极的推动作用。

（5）教育管理的约束效应。

大学校园的制度文化通常体现在两个方面，一方面学校的正常运转依靠各种规章制度，运用奖励或惩罚的方式强化广大师生对制度和规范的遵从，从长远来看，严格的规章制度能够帮助广大师生在短时间内找到归属感，有利于集体意识和团队意识的培养，也能够促进校园内勇于竞争、追求卓越风气的形成。另一方面，大学也鼓励创新、提倡和崇尚学术自由，这就要求给教师的专业发展和学生的个性发展以宽松的氛围，因此在加强日常管理的同时，我们也可以看到高校赋予学生越来越多的自主权，让学生对大学资源的选择有较大的自主权，帮助学生更好地展现个性、发展兴趣。

（6）校园环境的熏陶教化效应。

经过精心设计的校园布局、人文景点等能够在自然环境中提升人文要素的含量，从而形成使人产生美好感受与体验的校园文化。校园内的每一种设施都蕴藏着丰富的精神内涵和人文内涵，因此有意识地进行校园环境的建设和规划，改变校园的观景，也能烘托校园的文化氛围。

三、网络文化在大学校园文化生态系统中的地位和作用

1994年4月21日，在中国历史上是一个值得纪念的日子，在这一天中国实现了与互联网(Internet)的连接，被国际社会正式承认和接纳为拥有全功能互联网的国家。互联网在登陆中国之初，对于寻常百姓来说是一种可有可无的存在，面对高昂的电脑价格和网络费用，很多人只能是远远观望，即便是少数行业和人群在使用互联网时，面对缓慢的网速和单一的功能也总是满腹埋怨。短短的30年，互联网在中国实现飞速发展，特别是移动互联网技术的问世，当我们看到寻常百姓熟练地应用互联网完成工作生活的各种事由时，我们可以深切地感受到互联网给中国带来了翻天覆地的变化。毫无疑问，互联网已经成为人们生活中不可缺少的一部分。互联网的登陆和市场经济的改革是20世纪末中国最有影响的两件大事。如果说市场经济的改革冲破了长期以来的计划经济体制的束缚，为中国补上了“市场经济”的课程的话，那么互联网的登陆则补上了“信息化”的课程，极大地加快了中国向信息时代迈进的步伐。几十年来，这两件大事深深地震撼着中国大地，影响着中国的社会变迁，它不仅逐步改变着中国人的工作方式和生活方式，也强烈地冲击着中国人的传统观念和思维方式。

互联网被人们称为“第四媒体”① 与报刊、广播、电视登陆中国一样受到国人的欢迎，与其他媒体不同的是，互联网突破了传统媒体在交流和传播方面的种种限制和不足，极大地拓宽了民众的表达渠道和参与空间，对中国而言，互联网的影响是多方面的。互联网的登陆与普及为人们提供了一种表达利益诉求和交流思想观点的公共空间，搭建了一种与人交往的话语平台，通过这个平台和空间，人们可以轻而易举地实现与社会、与他人的互动。然而任何事物都有两面性，互联网作为一种社会存在，在给人们的工作学习和生活等方面带来极大便利的同时，也在某些方面造成了一些新的困扰，特别是在人们日益关注网络公共话语空间时，这种困扰的表现就尤为突出。在网络公共空间，人们可以感受到信息传播的便利、自由表达的惬意、平等交流的乐趣，也能体会到作为公民参与、监督实事政事的责任感，这对推动整个社会的良性发展无疑十分重要的。但与此同时，网络中也存在一些令人困惑的不良倾向：无论是捕风捉

① 王天意．网络舆论引导与和谐论坛建设［M］．北京：人民出版社，2008：1-4.

影的网络信息，还是纷繁复杂的负面言论，都对网络文化的发展与引导形成了严峻的挑战，也使人们对网络文化与校园文化的互动发展充满期待。

互联网开启了人类文明的新时代，如果说蒸汽机的发明标志着人类社会由传统的农业社会转型到工业社会的话，那么互联网的出现则标志着人类社会由工业社会步入了信息社会，特别是进入2000年以后，中国互联网的功能越来越齐全，应用越来越广泛，2010年以后，手机作为一种新型的互联网载体问世，中国的网民数量实现了暴增。中国人在越来越多的领域领略到了互联网带来的便利，从信息传播到互动交流，从经济建设到文化建设，从政事参与到社会监督，从科学研究到生活服务，人们在互联网的功能拓展中分享着喜悦和快乐。毫无疑问，互联网正日益成为中国人生活中不可缺少的一部分，这已经是一种不可逆转的大趋势。互联网在中国的登陆和普及不仅仅是单纯的事件，而是一场意义深远的社会变革，它不仅拉近了中国与世界的距离，也对中国产生了全方位的影响。值得一提的是，随着网络安全、信息安全、舆论导向、青少年教育等一系列问题的出现，网络文化的发展与整个社会文化生态的发展互动引起了全社会的重视。

互联网充分展现了当代世界文化的多样性，对中华文明的重构与弘扬具有深远的影响，作为一种新型的传媒技术，互联网打破了区域限制，对文化建设具有不可磨灭和估量的作用，同时网络文化的多样性、不同文化的兼容与融合成为目前网络文化的趋势，在这种大趋势的指引下，不同文化之间的冲突也不断地展现出来。

随着计算机和通信技术的迅猛发展，网络正以惊人的速度伸向社会生活的各个层面，其对人类和社会所产生的影响的深度、广度和速度都是令人惊叹的。30多年来，互联网骤然崛起并展现在国人面前的时候，人们感受到了它给中国带来的一股清新空气，以及互联网给人们的生活和人际交流带来的极大便利，互联网成为中国人生活中不可缺少的一部分，这是一种不可逆转的大趋势，互联网在中国的登陆和普及是一场具有深远意义的变革，它不仅拉近了中国和世界的距离，也对中国社会产生了全方位的影响。作为一种新的文化形态，网络文化对人们的生活也起着日益重要的作用。特别是在高校里，网络生活已经成为大学生活的重要组成部分，网络文化也以从未有过的速度在大学校园里传播，迅速融入大学生的学习、生活和思想之中，形成独特的网络文化现象，对大学生的成才产生巨大的影响。

“网络文化”[①]一词，是从英语“cyberculture”翻译而来，是美国科学家诺伯特·维纳于1984年创造的。网络文化又称为赛博文化，与现实社会文化相区别，是人们在社会生活中依赖以信息、网络技术、网络资源为支点的网络活动而创造的物质财富和精神财富的总和，结构上可以划分为物质层面、制度层面和精神层面三个部分。网络文化比较全面地反映信息时代的文化特征，已经成为信息时代的核心文化，这也是网络文化迅速成形、广泛传播和发展的根本原因。如果从全局来看，网络文化的本质是一种高技术的文化，随着互联网的广泛应用，引起了社会经济、文化的深刻改变，开拓出了人的第二生存空间——网络社会，这是自农耕社会以来出现的人的生存方式的最大的变革，对整个人类社会的生存观念、人际交往方式产生了深刻的影响，全方位地渗透到生活的各个角落，形成了“人与自然、人与人”的全新关系。网络文化是科学技术高速发展的产物，它具有很强的特殊性和时代性，同时具备了很多其他文化所不具备的特征，大学校园的网络文化是在网络虚拟环境和现实生活环境交互作用下形成的。网络的虚拟性、开放性和自由性决定了大学生网络文化不仅具有时代性、教育性，还具有吸引力强、影响力大的特点。校园文化和网络文化的融合本身就意味着两种文化的紧密关系，校园生活中到处可见网络文化形态的存在，网络的开放性使校园文化向社会文化进一步靠拢。高等教育的最终目的是帮助青年学子健康、积极地走向社会，校园网络文化的发展拉近了大学生与社会的距离，帮助他们更好地和社会连接，同时也有利于自身价值观的形成。

校园文化作为社会文化的重要分支，既是社会文化在高校校园的折射，又是高校办学理念和历史传统的积淀；既能够反映一所大学的面貌、特色和水平，又可以体现学校的凝聚力、感召力和生命力。近几年，网络的发展丰富了校园文化的内涵，形成了一种新型的校园文化——校园网络文化，这种新型的校园文化兼有技术与社会文化双重内涵的同时，也赋予了教育的本质含义。作为校园文化的延伸和拓展，它将网络文化的特殊性融入校园文化的普遍性之中，吸收了校园文化的普遍价值并得到广大师生的认同，并赋予了它特定的内涵和社会意义。它既具有传统校园文化的教育功能、导向功能和服务功能，又有着异于传统校园文化的独特内容，担负着与传统文化截然不同的使命，比

---

① 刘新生．大学文化建设(下)［M］．济南：泰山出版社，2010：529.

如信息共享、网络宣传等，充分利用最新的信息资源，达到学习、教育和决策管理的最优化。

“大学文化生态体系”[①]不是大学文化的简单组合和复制，大学文化生态体系的内在属性自然也不同于大学文化本身。特征主要表现为两个层面，即文化生态的共通性特征和差异化特征。它也具有独有的特征，主要表现为以下几方面。

（1）大学文化生态的高度活跃性。

大学文化生态不同于其他文化生态，它是高度活跃的文化生态体，主要表现为大学文化生态内容的快速更新和大学文化生态结构的持续波动。一方面，大学作为开放性的文化学术机构，社会前沿文化和新潮思想在大学校园迅速聚集和传播，大学文化生态内部的文化激荡无时无刻不在生成。旧的文化碰撞还未完全消解，新的文化浪潮和文化冲击又开始涌入大学文化生态环境，大学文化生态始终保持着高度的生态活跃性。另一方面，大学作为大学生群体高度密集的学习生活空间，青年人思想活跃、文化价值多元和文化注意力高速运动的特点也必然深刻塑造着大学文化生态的具体形态。大学生群体精神注意力的迅速转移、文化价值的激烈冲突使得大学文化生态比其他文化生态更加活跃。

（2）大学文化生态的高度吸纳性。

大学文化生态不同于其他文化生态，它具有高度的文化吸纳能力。大学作为社会文化的大熔炉，大学文化生态的高度吸纳性表现为对主流文化和异质文化的多元包容，对传统文化和现代文化的兼收并蓄，对主导文化和多样文化的融合汇通。多种形态的文化生态在大学文化生态环境中都能和谐共生、共同发展。大学文化生态体系以其特有的文化开放性、文化包容性和深厚的文化魅力，不断吸引着多种文化生态的进驻，并在此过程中吸纳其价值精华而不断发展。大学文化生态体系的高度吸纳性，并不是对各种文化生态不加区分地吸收，而是有选择的文化更新过程。其表现为大学文化生态的吸纳更新必须积极回应大学生精神发展诉求，对大学生精神世界给予积极关照。

（3）大学文化生态的高度指向性。

大学文化不仅是指大学的文化，更重要的是大学生的文化。大学文化生态的高度指向性是指大学文化生态体系的建构需要大学生的积极参与，大学文化

---

① 谢玲玲．论文化生态环境对高校和谐校园的作用［D］．长沙：湖南农业大学，2014.

生态体系建构的最主要的目的在于为大学生群体服务。一方面，大学生群体作为大学文化环境下最重要的活动主体，大学文化生态体系的建设离不开大学生群体的支持和推动。目前，大学文化建设日益引起各方面的重视，大学文化建设的力度不可谓不大。但是大学文化建设却总是浮于表面，难以深入大学生学习生活的实际。究其根源，除了大学文化建设内容结构的失衡，最主要的原因在于没有充分调动大学生群体的积极性和主动性。大学文化生态体系的建设不是大学文化的独角戏，而是对大学生精神生活的积极关照和精神诉求的积极回应。另一方面，大学文化生态体系的构建不是大学文化的孤芳自赏，它最终的目的和意义都落脚于大学生群体，为大学生精神世界的丰富和发展服务是大学文化生态体系建设永恒的历史使命。促进人才的培养始终是大学文化生态体系建设的价值追求，而且是最重要的价值追求。

(4) 大学文化生态的高度精英性。

大学作为社会的精神文化圣殿和学术研究的场所，大学文化理应代表社会精英文化、表征社会主流文化的精神。大学文化生态的精英性是指大学文化高品质的文化格调和文化追求，精英化的信仰理念，高水准的文化产出。大学文化不是社会文化的简单截取，它必须拥有高品质的文化格调，最重要的是要有大学知识分子群体精英化的精神文化追求。然而现实的情况却是大学精英文化逐渐式微，大众文化迅猛发展，大学校园弥漫在功利化和庸俗化的文化氛围下。大学渐入文化缺失时代，角色错位、学术泡沫、学究谬误不时出现。而大学文化生态体系的建设立足于大学的文化本位和价值追求，将大学精神和社会主义德育价值观有机结合，对大学文化觉醒、抵御社会庸俗文化的冲击有重要意义。在大学文化生态环境中，大学精神和社会主义核心价值观的相互激荡和共同作用使大学文化重拾精英化的价值追求，大学知识分子群体重拾学者风范和学术尊严。大学文化生态经营性还表现为大学文化高品位的文化科研产出，具体而言就是大学文化生态环境下大学文化品牌的创立和学术科研成果的问世。大学作为社会专业的学术研究机构，学术文化始终是大学精英文化的重要维度。大学文化生态体系的构建也必然肩负着重要的学术使命和学术追求，为大学学术科研活动提供优良的文化生态环境是大学文化生态建设的当然责任，也是大学文化生态精英性的必然要求。

(5) 大学文化生态的高度人文性。

大学文化的核心和灵魂表现为大学的人文精神。大学文化生态体系作为大学文化的生态建构，自然也具有鲜明的人文特征。其表现为：第一，大学文化生态体系的构建以大学生的全面发展为价值取向，注重对大学生主体价值的人文关注、主体情感的人文关怀、主体精神的人文关照。第二，大学文化生态体系的构建有助于促进大学人文氛围的营造、人文品牌的培育和人文精神的传播，有助于促进大学生的心灵净化、人格完善、情操陶冶和精神建构。大学文化生态体系始终保持着鲜明的人文追求和人文价值。

如火如荼的信息时代，浩瀚如海的信息资源使传统教育面临前所未有的机遇和挑战，传统教育与现代社会的发展呈现出许多不可调和的矛盾，新时期高校校园文化面临着网络文化的冲击，后者形成了对校园主流文化的严峻挑战。作为一种新的传播媒介，网络也是一把双刃剑，一方面互联网具有许多无可比拟的优点，使得人类在信息传播方式、人际交往方式、文化教育方式、社会组织方式、闲暇娱乐方式等方面发生变革；但另一方面，校园网络文化面对的是全球的网络系统，校园文化与网络文化的交叉所产生的校园网络文化，不仅构筑起一种全新的网络生活方式与生存方式，而且深刻地影响着和潜移默化地改变着青年学子的认知、情感、思想和行为。在这种情况下，不可避免地会出现一些消极、错误的思想观念和行为方式。网络文化是充满着创造性的时代精神，也不可避免地存在消极的方面，因此采取切实有效的、有针对性的对策，扬长避短，构建以网络文化为基础的校园文化新平台，已经成为十分重要的课题。当今国际形势正处在模式大发展、体系大变革、格局大调整的时期，世界政治、经济体制向多极化转变和发展，经济全球化是当今世界发展的必然趋势，科学技术日益更新，各国间的思想文化经常性地进行交流融合，文化在各国间综合国力较量中的地位和作用也更加突出。因此，维护国家文化安全、增强国家文化软实力和中华文化国际影响力的任务变得更加艰巨、紧迫。大学校园文化作为社会文化的排头兵，是文化建设的重要阵地，健康、和谐的大学文化生态系统是建设和谐有序的大学文化和社会文化的重要基础，是民族凝聚力和创造力的重要源泉，是综合国力竞争的重要因素，是经济社会发展的重要支撑。网络文化作为大学文化生态系统中的重要组成部分，是文化建设中的新生力量，对中国特色社会主义文化建设，对社会主义文化大发展大繁荣起着巨大的推动作用。

1. 网络文化的积极作用

（1）网络文化促进先进文化的开放、传播与互动。

回顾古今中外的文化发展史，凡是先进的文化，都是生命力旺盛的文化，都是开放性的文化。在当代中国，先进文化就是以马克思主义为指导思想、以培养“四有”公民为目标、发展三个“面向”的（民族的、科学的、大众的）社会主义文化。随着网络文化的出现，时空和地域不再受到阻隔和限制，有力地促进了文化的交流，而且其开放性的特点，为世界各国、各民族、不同形态模式的文化的相互了解、交流，提供了一个超越时空界限的虚拟空间，促进了各民族文化之间的相互交融、共享，增强了先进文化的开放性与共享性。网络的开放性使得我国的先进文化思想传播到其他国家去，同时我国也兼收并蓄世界一切优秀的文化成果，通过网络技术引进了先进的科学技术、教育理念、文学艺术、思想理论，共享世界文明成果，丰富了高校的文化生活方式、提高了高校师生的精神世界。发展先进网络文化，有利于改变文化的传播方式。互联网作为新的传播媒体，打破了国家和地域的界限，具有传播速度快、时效性强、信息容量大、覆盖范围广的特点，其高度的开放性和交互性使其成为新兴的继报纸、广播、电视之后的“第四媒体”。网络媒体能使国内外的政治与经济、社会与生活等方面的新闻信息第一时间在网上传播。在中国特色社会主义文化建设中，互联网为先进文化建设和精神文明建设提供了新的媒体，开创了高校校园思想政治教育的新方法，为先进文化提供思想保证。我国的优秀传统文化通过互联网站得到大力传播，网络技术还为精神文明建设和发展先进文化创造了无限广阔的前景。人们还可以通过网上汲取其他国家和民族文化的精华，去其糟粕，促进文化更加繁荣发展。

（2）网络文化促进大学文化的多元化与包容性。

文化多元化是指一个国家或民族在社会发展的过程中，在继承本国家、本民族的优秀文化传统的基础上，同时汲取其他国家或民族的优秀文化成果，形成既有本国、本民族特色的文化，又有外来文化的一种包容性的文化现象。随着时代的发展，文化多元化是大势所趋。当前各国正在频繁地进行丰富多彩的文化交流，同时我国的文化也逐渐趋向于多元化发展。当代中国的文化，多种文化并存，不仅有本国的文化，还有西方的、前现代的、现代的、后现代的文化。网络相关产业伴随着网络的出现也得到了发展，网络文化成为人们生活中越来越重要的一部分，和主流文化、传统文化一起对人们的生产、生活带来影响。对于校园文化建设来说，网络文化的出现，带来了文化的多元化。网络文化传播本国优秀文化的同时也吸收国外的先进文化思想。因此，中国特色的网络文化是面向世界的文化，用广阔的胸怀和开阔的视野，吸收世界的一切优秀文化成果，促进各国人民增加了解，具有极大的包容性，博采众长，融会贯通。

（3）网络文化促进文化的大众化。

网络文化的一个显著特点就是具有广泛的群众性，人民群众是文化的创造者，因此人民群众必须享受到其服务，并且其文化要反映代表人民群众的意愿，不断满足社会各阶层人民群众日益增长的精神文化需求。先进文化之所以会成为大众的文化，是因为它注重贴近实际、贴近生活、贴近群众。网络文化之所以能成为大众普遍能接受的一种大众性文化是因为网络文化具有广泛的群众基础用户，并且与大众的生活紧密相关，体现在以下几个方面：信息服务网络化；娱乐网络化；交往网络化。网络所携带的文化迅速融入人民大众的生活之中，能够满足广大人民群众的精神生活需求，成为群众都喜欢的大众文化。其次，网络文化给所有的学习者带来了自主和平等，所有的广大人民群众都能得到学习现代文化的平等权利。在网上，每个网民不会因自身的社会地位和职务的不同而受到不公正待遇，每个人的地位都是平等的。一个普通网民，不会受学历、级别、职称的限制，在网上可以公平地享有网上的学术和教育资源，通过网络和大学生、研究生一起共同探讨国家大事。每一个网民可以自由地分享自己所创作的文化作品，并且可以随时随地地畅所欲言。网络文化跨越了地域、年龄、经济能力等对文化消费的限制，享受文化艺术不再是少数文化精英的特权，每一个家庭和每一个需要的人都可以通过网络分享文化艺术，其形式多样且能有一种身临其境的精神感受。校园文化因为有了网络文化得到了极大的传播和扩散，同时也使中国特色社会主义文化成为一种大众文化。

（4）网络文化促进了文化的创新。

文化发展来源于文化的创新，文化缺少创新就会缺少生命力而最终灭亡。因此，大学文化只有在现代化建设的实践基础上继续坚持跟随世界文化发展的潮流，继承发展优秀的民族文化传统，汲取各民族的优秀文化，不断创新文化的内容和形式，才更具有吸引力和感召力，其影响范围将会更广。网络文化就是文化创新的一种表现形式，它能从手段、内容、形式上给先进文化注入活力。

一是手段上创新。网络以一种新的文化载体出现，以其传播范围快、时效性快、信息量大、高度的开放性和交互性的优势，并且将电脑多媒体和网络技术运用到出版业当中，给出版行业带来了新的变化，如电子出版物、电子图书馆的出现，其对文化的积累和储存的作用是传统的图书馆所不能相比的。

二是内容上创新。随着网络的出现，文化出现了新的载体，其内容变得越来越丰富多彩，其表现形式也越来越新颖，克服了传统文化教育的局限，充分利用新网络技术更大地发挥了文化的力量。如爱国主义教育中，网络技术的出现使爱国主义教育变得具体化，由原先枯燥的书本知识通过网络漫画、微电影来展现变得更加具体形象，更易于让人民大众理解接受，对学生来说，更具有吸引力，并且通俗易懂，使爱国主义教育真正做到了内容和形式的统一。

三是形式上创新。随着网络技术的发展，因为网络的多媒体性和互动性的特点，网络文化作品不断出新，如网游、微电影、网络动漫等越来越受到网民的欢迎，并且其作品能更贴近生活，艺术性更强，更具有说服力和感召力。而且随着网络宽带的增加，网络电影、网络电视能在网上浏览、欣赏或下载网络文学作品。网络创作和在线阅读因网络作品的超文本特点，超越了纸质媒体的限制，使故事的展示更加丰富，立体感更强；网络文学也因网络创作的互动性，使创作者与读者之间的互动更加频繁，广大网民也逐渐认可、接受、喜爱这些新形式。

（5）网络文化可促进全民族提高思想道德素质和科学文化素质提高。

中国特色社会主义文化建设的根本目标是培育“四有”公民，提高全中国人民的思想道德素质和科学文化素质。网络文化作为中国特色社会主义文化的重要组成部分，必须要坚持用社会主义核心价值体系来引领网络文化建设，要将马克思主义作为指导思想，继续用马克思主义中国化最新成果来教育网民、引导网民；发展以爱国主义、集体主义、社会主义为核心的网络文化，提高人们的思想道德素质。网络技术的发展，让越来越多的人可以接受更多的教育，受教育者不会因地点、空间和时间的不同而被限制，网络教育克服了这一困难使全世界的每一个角落的人都能受到教育，进行学习，无年龄限制、无职业与性别歧视、无社会地位不公的教育因网络技术的发展而成为一种普遍现象。

2. 网络文化的消极影响

网络是一把双刃剑。在文化建设发展中，网络文化不仅带来了难得的机遇，也起到了巨大的促进作用，但是网络文化也给大学文化生态系统建设带来了一些负面影响。网上多元文化在融合的同时，多元文化的冲突也在所难免。

网上还存在着落后文化和腐朽文化，以及反动、迷信、淫秽的不良信息在网上进行传播的问题。

(1) 网络文化严重威胁我国文化建设安全。

全球各种文化因网络文化的发展得到了交流和融合。但是一些西方国家依靠自身对文化资源占有和配置的优势，利用文化信息渗透性强等特点，进而传播“文化渗透”“文化侵略”[①] 思想，使网络文化交流由原先的平等性向单向渗透转变，在互联网上大肆传播极端文化价值色彩的各种信息，否定乃至污蔑社会主义价值观以达到推行文化帝国主义的目的，宣扬包括色情文化、暴力文化在内的西方文化。普通网民长期耳濡目染，将会影响其价值判断和价值选择。这种“文化侵略”危害极大，不仅会使我国的文化安全受到危及，民族文化的独立受到冲击，而且会使中华民族的根基受到影响。

(2) 网络文化垃圾泛滥，严重影响大学文化生态系统的秩序建设。

由于互联网是一个开放和发展的环境，一些破坏分子就利用其无限制性钻空子，在网上违法犯罪。网络相关法律法规和权威性监督机构尚在构建中，使得人人都可以在网上发布各种各样的信息，在行使言论自由权的同时却没有履行应尽的义务。人们在享受精神大餐的同时，心灵却被如同鸦片一般的不良文化所毒害着。现今被众多人所追捧的多款国外网络游戏产品，有的甚至包含危害中国主权和领土完整的内容，严重触犯了我国的法律。在国内的网站上也存在着落后腐朽的与社会主义经济发展不相适应，带有封建迷信、反伪科学、色情暴力色彩的信息；恶搞低俗信息泛滥，种种坏现象使得我们被庸俗、粗暴的文化垃圾所毒害，这极不利于大学文化生态系统的秩序建设。

(3) 网络文化使得大学文化生态系统的法律、道德约束力受到威胁。

网络的虚拟性使得网民可以以“自由的隐身人”[②] 的身份在网络空间自由穿梭，即使利用网络的虚拟性和宽泛性，在网上做些违法犯罪的事情在短时间内也难以被察觉。这些致使原来在实际的社会生活中起重要作用的道德规范因网络的隐匿性而在网络社会中不起作用或者作用削减。作为一个开放的空间，如果无法对人们的网络行为进行有效的制约和约束，会怂恿原本法律意识薄弱、道德水平低下的网民伺机在网络上干些违法犯罪的事，特别是青少年的

① 张绍荣．走进精神场域：信息时代大学文化生态治理研究 [D]．重庆：西南大学，2016.

② 夏露．论网络文化在中国特色社会主义文化建设中的地位及作用 [D]．成都：西华大学，2013.

法律和道德意识还十分薄弱，容易受人蛊惑，其人生观、价值观容易受网络的不良影响，在虚拟世界里沉沦，甚至走向堕落和违法犯罪道路。

(4) 舆论宣传阵地受到严峻挑战，不利于社会和谐、稳定。

从长远来看，网络文化的传播，给我们维护社会稳定、和谐带来了新的挑战。网民既是网络舆论宣传的客体，也是网络舆论宣传的主体。互联网的出现，一方面使我国传统舆论宣传的方式及范围因网络文化的出现而分别得到了改善及扩大，舆论宣传的时效性也因网络的出现得到快速发展。但是，由于网络具有开放性，互联网以其及时、海量、互动、分众和无地域限制等特点，很难用传统的方式来管理网络舆论宣传。一旦互联网被反社会的敌对势力所利用，成为他们组织政治队伍的重要手段，他们在网上散布谣言、歪曲事实、恶意炒作就会造成舆论歪曲，大家人心惶惶、以讹传讹，这便会扰乱社会正常秩序，影响人们的正常生活。

伴随着经济的发展、科技的进步，人类迈进了网络时代。网络文化，作为一种以电子为媒介的高科技文化，逐渐成为人类文化生活中不可缺少的重要组成部分，互联网的出现与普及给人们带来了一种全新的文化方式，影响着人们的生活。网络越来越成为我们当今生活中不可或缺的一部分，为我们的物质生活和精神世界带来了巨大的影响。现在全球使用网络人数呈几何倍数地增加，手机上网、微博、网上购物，成为人们特别是年轻一代人的主要生活方式，给我们的生活带来了极大的便利。但是，网络世界的虚拟性、不确定性和网络传播的一些落后腐朽、带有封建迷信、色情暴力的伪科学信息，以及网购中时常出现的虚假信息、钓鱼网站致使消费者利益受损……这些问题的出现使得人们在享受网络文化的同时也深受其害，并且不利于建设网络文化。作为大学文化生态建设中的重要组成部分，网络文化是大学文化生态建设中的新生力量，在高校文化中扮演着越来越重要的角色，对整个社会文化的发展也起着举足轻重的作用。胡锦涛同志在中共中央政治局第三十八次集体学习中强调指出："加强网络文化建设和管理，充分发挥互联网在我国社会主义文化建设中的重要作用，有利于提高全民族的思想道德素质和科学文化素质，有利于扩大宣传思想工作的阵地，有利于扩大社会主义精神文明的辐射力和感染力，有利于增强我国的软实力。"具体措施如下。

(1) 让网络成为舆论监督的新生力量。

随着老百姓参与国家政事的热情越来越高涨，网络舆论监督(包括社会与公民的监督)的力量也越来越强大。随着网络的出现，网络的虚拟性、开放性和时效性使越来越多的人利用这一新兴的媒体行使公民的权力，人们可以自由地发表言论和行使舆论监督权，越来越多的人参与其中。“互联网式民主”的舆论监督功能得到了发挥。特别是近几年，国家出台各项政策鼓励人民群众为国家建设献计献策，在2017年“两会”召开期间，网民通过各大网站开启的“我有问题问总理”“网络连线代表委员会”等网络栏目关注与自身利益密切相关的食品安全、房地产市场房价、教育就业等民生问题，直接参与与政府官员的互动，及时知道事情的真相，获取全面的信息，并踊跃发言提出自己的意见、建议，形成舆论监督环境。随着网络的曝光，对一些贪污腐败、违法违规行为也能一针见血地指出，老百姓愿意通过网络曝光的方式参与反腐，通过网络能在极短时间得到最大关注，造成较大舆论压力，加大反腐的工作力度及进度。青年学子作为基层百姓中的一员，激情高涨，对于时事政治保持高度的敏感性和察觉能力，加上对互联网与电子设备的熟悉掌握，更可以游刃有余地参与此类活动，成为一种新的网络舆论监督力量。

（2）网络拓宽了校园文化传播模式。

网络因其跨越时间限制、传播快、内容多、转载方便、与多媒体融合、交互性强的特点，作为一种新的传播媒介被越来越多的人所利用。在网络世界里，每个网民都是自己文化的解读者和代言人，可以通过网络抒发和表达自己立场和观点。在我国有很多文化带有民族特色，与其他国家的文化相比显得格格不入，通过一般的传播手段是无法进行常规传送的，而有了互联网之后，就可以通过网络传播出去，使我们的文化被更多的人所知道、了解。网络时代的到来，出现了网络语言，并且速度范围发展非常之快。例如，近年来火热的网络语言给汉字文化和汉语言文化带来了新的生机与活力，比如“菜鸟”“给力”“666”“蓝瘦香菇”等新词层出不穷，极大地丰富了语言文化的内涵，而这些词汇一开始都是在青年学子中广为传播的，并借网络推力向周围快速播散。网络语言标新立异、地域特色明显、简洁明了、幽默风趣，在寥寥数字中积淀着各地风俗习惯和地域特色，作为文化的新变体，有利于文化的创新，使文化更富有朝气活力，有利于文化的传播。

（3）网络使校园文化的内涵、形式更加丰富多彩。

网络文化首先是运用先进的传播技术手段来传播信息、文化，主要的传播对象是人。网民不仅仅只是互联网文化的读者，而且也是文化的创造者，共同来建设和发展网络文化。越来越多的网民参与其中，通过发挥自己的聪明才智，使文化的内涵、形式更加丰富多彩。在互联网普及之前，在闲暇之余，人们主要的娱乐方式是通过与亲友聚会的形式开展娱乐活动，放松紧张的压力和情绪，既需要时间的一致也需要空间的协同。有了互联网之后，人们的生活方式、工作方式、休闲方式得到了极大的改变。网络超越时空局限的特点，使人们可以足不出户地在家进行自我娱乐，省力省事，方便快捷，在工作中也可以通过网络召开会议、传送资料，极大地节约了工作成本。网络打破了传统的生活方式、工作方式、家庭娱乐方式，成为一种新的传播媒介。

（4）网络拓宽校园文化建设的对象。

随着网络技术的发展，新的传播媒介也应运而生——手机媒体、E-mail、BBS、QQ、微博、微信等都可以在手机上得到应用，且手机的用户群非常之大，各个年龄段、各个阶层的人都有，因此，先进的优秀的文化就可以得到广泛的传播。传统的文化教育对象一般都是学生，并且他们都是在学校接受教育及文化知识的传播。随着网络的出现，教育手段得到了改变发展。随着网络对象、主体的增加，文化传播的范围、对象也跟着拓宽。网民中不仅有青少年、成年人、老年人，还有农民、工人、知识分子、高级白领等，网民人数的增加和范围的扩大，互联网的开放性、平等性，使更多的人享受到教育，得到优秀文化的滋养，有力地传播了先进的优秀的文化。

任何一种文化都不可能在产生之初就是成熟和先进的，网络文化也不例外。网络文化的出现，为我们实现民族文化的伟大复兴创造与提供了一个新的平台。作为一种具有创新性的文化，其重要性是在发展过程中不断被我们所认识。我们只有加强网络文化的建设与管理，才可能使网络文化真正成为一种能够体现大学文化价值观的文化，为社会主义先进文化的发展提供巨大的推动力。中华民族生生不息的力量蕴含于文化之中，具有无穷文化力量的五千年中华文化，使中华民族充满了凝聚力。中华民族五千年来所形成的文化，博大精深，蔚为壮观。这是无数先人心智和精神的凝结，是一笔无与伦比的财富，也是我们面向世界的精神旗帜。要实现中华文化的伟大复兴，就必须努力实现中华传统文化与时代先进文化的对接，在吸收当代先进文化的基础上，追求中华文化的伟大复兴。

第四章 传播技术与大学文化的辩证关系

一、传播技术对大学文化生态的辩证关系

1. 传播技术对文化的影响

在学会语言后，人类便以农业取代了渔猎采集，由洞穴与游牧进入农村生活；学会阅读后，人类具备了有效应用过去经验的能力；它们记录各项事件，创造市场、学校、城市以及科学与哲学的概念。印刷术发明之后，人类由探险中发现了更大的世界，在掌握充分资讯的基础上，以工业、商业为手段，向外征服开拓。

——威尔伯·斯拉姆

人类创造了传播媒介，同时，传播媒介也塑造了人类。人类社会的发展史既是文化创造的历史，也是传播媒介的创造史和传播关系的发展史。[①] 传播媒介的发展不仅贯穿于人类社会发展的整个历史过程，而且与人类的文化活动密切相关，两者既为一体，又彼此推动。然而传播技术对文化的作用并不是直接表现出来的，它总是具体落实在某种传播媒介上，帮助人类对信息进行收集、选择、加工和处理；同时也随着社会的发展和技术的进步不断地突破，创造出新的传播媒介。新的传播媒介又促使信息更有效地突破时间和空间的限制，带给人们全新的传播体验，或是增加传播的深度、广度，提高了信息的穿透度和扩散度，或是从时间、空间上解放人们受到的约束，从而改变人群的行为方式，使各种文化要素进行重组，创造出新的文化。

---

① 王菁华，梁园．传播技术对大学文化的影响 [N]．光明日报，2017-06-14（11）：7.

从口口相授到印刷的传播方式，以及目前第四次电子媒介的出现，传播技术和媒介的每一次变革，都对文化的传播起到了推波助澜的作用。[①]自20世纪90年代互联网的极速发展，传播介质、传播手段再一次突破，网络通过新媒体这种新型的传播媒介，使我们的视听文化有了历史性的突破，使整个社会具备了向世界全方位开放的能力，也使各系文化在传播技术的更迭中再一次迎来发展的契机。

美国社会学家大卫•里斯曼在他的《孤独的人群——一项有关变动中的美国人性格研究》一书中曾详细地比较了大众传播媒介对历代美国人性格的影响，这都源于媒体所具备的传播和推广能力，决定了其对社会生活具有强大的塑造和影响作用。网络技术为人们提供了新的生活方式，致使每一个参与个体都主动或被动地接受这场传播革命的冲击，网络使用从专业化到生活化的逐步介入，对我们生活进行了全面的渗透，成为日常生活的必需。这种自然而然非强制性的变化，成为一种新的生活方式，逐步蔓延成普遍的生活形式后，使得心理发生了巨大的变化，这种方式所引起的人群心理变化就有可能演变成社会文化的变革，深刻地影响着人类现实社会和人们的工作方式，同时深刻地改变着人们的思想观念和道德品质。

2. 网络新媒体对当代大学生活的渗透状况以及两者的交互影响

2015年北京大学市场和媒介研究中心与网易联合发布“新潮流”趋势报告，以了解“90后”群体对电子产品依赖度，探测其喜爱的网络产品，深入分析网易用户以及其群体特征。这“含着鼠标”长大的一代，从小就得到网络文化的浸润，自然就形成了他们与前几代人不同的价值观和生活态度。网络的开放性、交互性和资源的共享性，造就了“90后”更为开放和包容的价值观和生活态度，他们的这些心理特点正在影响着社会各个层次的代际关系，年轻一代在这个方面更具有话语权，他们成为网络传播的关键，而网络传媒这种新型媒介通过对年轻一代的影响来影响他们的父母或其他长辈，甚至影响着整个社会文化的发展形式和轨迹，酝酿出新的社会文化。

“我们学校门口卖早点的小摊收钱都开始接受‘微信’和‘支付宝’转账了！平时出门只要带着手机，什么都做到，查找、付费、打车……这些事情都可

① 王菁华．论传播技术变迁对社会文化的影响［D］．沈阳：东北大学文法学院，2006：9-14.

以，而且现在不断有新功能的 APP 推出，只有你想不到，没有它们做不到！”对于目前正在上大二的 QD 来说，网络已经完全填满了她的生活和学习，每天手机不离身。“我订阅了很多公众号，平时做得最多的就是刷微博、朋友圈，其实也没有什么目的性，就是拿着手机刷，看看别人都在干什么……比较喜欢一些旅游啊，美食啊，还有一些电影影评，热点政治也会关注，不过相对于看帖子更愿意看帖子下面的评论，有的评论真的是太犀利！简直就是‘神补刀’！……有时候也会去分享自己的生活状态和觉得有意思的内容，不过感觉别人的生活怎么都那么棒！”网络让这个世界变得更开放，引导人们接受新事物，呈现不同人群的生活方式，并提供了不同的生活方式和价值观，而且就同一事件或事物的不同观点都可以被讨论和争论，鼓励人们来探讨我们社会的不完善和各种可能性，开放使各种新颖的知识和生活习惯得到传播，打破社会的习惯和常规，这种沟通方式使得个体显得比以往更加“睿智”。

对于处在时代前端的大学生，他们的生活学习都早已离不开网络。在“校园中获得信息最重要的渠道”的调查显示：34.6%的人选择移动客户端，30.7%的人选择浏览网页，14.7%的人选择报刊，5.3%的人选择广播，其他为14.7%。通过移动客户端以及网页这些新媒体接受信息的学生已经过半，网路已经成为他们获取知识、重要信息的主要途径。网络赋予了“90后”大学生不同于以往大学生的心理特点，他们更勇于探索善于创新，性格更为自我、张扬，他们既构建、扩散着网络文化，同时又在这种新文化里如鱼得水，比年长一代更适应网络文化所倡导的新型价值观和行为模式，他们从传统的被教育者成为教育者，由社会化的客体成为社会化的主体，这种反向社会化的现象诞生了新的文化传承模式——“文化反哺”。[①]

“文化反哺”这种在中国社会急剧变化的时代背景下出现的新的代际关系变化，引起国内社会学家的关注，毫不夸张地认为这种“反向的社会化”的文化传承模式具有“革命性”的意义，预示着一个新社会到来。而“文化反哺”的现象是普遍的，存在于各个社会关系层面，它不仅仅存在于血缘子代和父辈这些亲代之间，也存在于校园——师生关系中。当前高校工作者（行政人员和教师）面对的是一群在网络“新文化”背景下成长的“新生代”群体，相对而言，大部分教师们在掌握电脑知识和运用网络技术方面还是远远落后于学生

① 周晓虹．文化反哺：变迁社会中的代际革命［M］．北京：商务印书馆，2015：289-301.

们的，因此教育者和被教育者的位置在某些特殊场合下可能会引起无意识性的逆转；另一方面，每一次技术的进步都会带来新的文化信息传播形式。在过去，信息的传播主要是依靠报纸、电视等传统媒体，传播形式单一，与观众没有互动，是一种单向渠道的传播。如今网络盛行，微信、微博等互联网信息发布平台种类繁多，并且与受众互动频繁，个人见解表达更为直接。通过网络，学生对学校的管理工作内容更加了解，管理人员不再是单方面信息掌握者，这种“被迫”的分享需要工作者花费更多的精力去应对公众信息带给学生的影响和学生的反应，以及如何利用网络平台宣传各种管理方法和决策。①②

网络新媒体引导的一场“新文化”影响着“90后”“新生代”的成长，双“新”同时出现在现代高校的景象，令教育者们应接不暇，也给传统的管理思维和教育模式都带来了强烈的冲击。从收音机发明后产生的广播函授方式，到如今互联网与教育融合后产生的慕课、微课。快速发展的网络使得文化传承方向和教学手段发生了逆向性的转变，打破了传统的师生关系，颠覆了师生关系的等级性，原本自上而下的师生关系越来越趋于崩裂，学生极力挣脱被控制的束缚，传统的“师道尊严”受到了前所未有的挑战；网络文化消除了传统师生关系中教师的中心性，师生之间已经不再是控制与被控制、操纵与被操纵的关系，而是一种平等的关系；网络文化削弱了教师的权威性，打破了教师的文化垄断和“霸权”，教师在学生面前未必“闻道在前”，失去了对知识的绝对控制力。在这样的一个学习环境网络化的“新时代”下，基于网络强大的通信功能，学习资源的数字化促使学习方式多样化，使教育的受众规模不断呈现一种扩大的态势。如远程网络授课，使教与学不再拘泥于传统课堂的授课形式。它丰富了学生获取多媒体学习的资源，在不同的地点、不同的时间可以对不同专业知识进行自主分类学习。此外，大学生们的创造能力和个人才艺在网络上也得到了展示的机会。如电商创业的运作，各类设计项目，网络科研等，都使大学生获得了一个表现自我、满足自我的空间，这是以往传统课堂不能够提供的。丰富的网络资源和强大的传媒力量，让从小就接触网络的“90后”拥有快速、准确查找知识的利器，教师与学生不再仅仅是知识传授者与被动接受者

---

① 冯文艳．网络时代“文化反哺”对高校思想政治教育的启示[J]．辽宁行政学院学报．2013，15（6）：125-126.

② 王菁华，梁园．网络新文化背景下高校对90后大学生管理工作的探讨[J]．高校辅导员，2015（12）：47-49.

的关系，而是“跷跷板式”的相互合作的关系。教师已不再拥有绝对权威，学生吸收新技术与新文化的能力能“反哺”教师。由此可见，传统师生关系的改变已动摇了大学人际关系的基础，影响了大学原有的文化生态秩序。

大学文化是大学长期办学的过程中形成的历史沉淀，既受社会文化系统的影响，又具有相对的独立性；既经过传播被在校人员和社会大众所认同，又通过反向吸收着富有时代特色的文化进行整合。所以，当“网络文化”作为全新的信息文化逐渐融入校园原有文化结构中的时候，对整个大学的文化的影响在所难免。因此，网络“所有人对所有人的传播”的形式，使大学文化已经无法保持原有的封闭性和独立性，它“推倒”了大学的围墙，令大学文化与社会文化以及网络本身附带的文化经过碰撞、融合成新的文化，并通过新媒体向社会上传播更富时代特色的大学文化。这种发展，无疑提高了大学文化的辐射力和影响力，但传统的大学文化与网络文化也产生了激烈的碰撞，教学关系也被新的“反向传播”改变，大学文化在这种状况下塑造了当代大学生全新的行为方式。与此同时，这种双向的传播，使各种文化体系有了更便捷的渠道进入大学，也给大学文化提供了更广阔的发展空间。不少学者已经关注到互联网对大学、对大学生的影响，以及对大学文化生态的影响。它填满了大学生活，占去了大学生系统阅读和求知的时间，对知识的传承、理性精神的建构都提出了新考验，这对大学的文化建设和转型带来了机遇和挑战。从这 20 年的情况来看，大学的形和职能以及教育理念都有所改变，主动满足文化发展的客观需求，大学文化正在逐渐整合顺应这场变革，既有传承又有创新，而这些改变完全可能成为今后大学的主流文化，让新的校园文化生态秩序日臻显露。

在探讨网络新媒体给大学文化带来的利弊和冲击之前，我们需要梳理一下传统媒体对大学文化的影响，进行清晰比对，这样能更加清晰地看出传统媒体和网络媒体对大学文化的影响以及影响的区别，了解作为传播媒介，它是如何对大学文化产生影响的。

3. 传统媒体与新媒体对大学校园文化的影响对比

我国对大学校园文化建设的研究始于 20 世纪 80 年代，当时新媒体技术还很不成熟，所以当时大学校园文化建设主要是通过传统媒体进行的，主要是校报、广播、电视，以及一些户外宣传等，其实一直要现在，这些传统媒体在校园文化建设与宣传中同样发挥着很大的效用，但是相对简单，一般情况，都是由校方或各院系负责人主办的一些校内活动，规模相对较小，形式也比较单一。一些活动大都是通过校报、广播、宣传栏进行宣传，而且校园文化建设者几乎都是校方，这样既存在优势，但同时也有弊端。①②

（1）传统媒体对大学校园文化建设的推进作用。

首先，传统纸质媒体有利于师生进行反复阅读和收藏。比如各学校单位主办的校报，各院系主办的机关报等，是发展相对成熟的一种校园媒体。其次，传统媒体控制性强。传统媒体形式由于其技术水平较低，而且校园文化的传播方大都是校方，所以可控性较强。例如，校刊、校报等在发表之前都需要经校方审核，内容一定是积极向上的主流校园文化，学校有绝对控制权。

（2）传统媒体对大学校园文化建设的阻碍作用。

传统媒体下校园文化的时效性差、宣传覆盖面窄、影响力小。传统的校园媒体主要有校报、广播、宣传栏等。这些媒体在大学校园文化建设发展中的作用不可忽略，见证了大学校园文化发展的全过程，就是在新媒体高速发展的今天，校园报依旧存在，但是，我们也不可否认，传统媒体天生的局限性，在一定程度上确实又阻碍了大学校园文化的发展。比如，校报和校刊，学校里最权威的报纸，都是学校主办，围绕学校相关工作，立足于大学校园，为师生所服务，主要是学校这段时间的一些新闻事件、相关文件，但大部分报纸发行会有一定的时间差，因为校报大部分是月刊或者半月刊，等师生们拿到报纸的时候，内容已经不再是新闻了，所以时效性太差。再者，校报大部分是在校内发行，针对的就只限于在校大学生，这样很多社会人士就很难了解到该大学的相关办学理念、人文精神等需要广为传播的校园文化，信息传播的覆盖面太窄。再看学校的宣传栏，宣传栏一般张贴的是学校的规章制度、奖惩信息、重要文件通告等，宣传栏本应该是很贴近学生生活的媒体之一，但内容同样没有做到及时更新，往往导致学生“懒得去看”，而且宣传栏的版面有限，信息量宣传不足，同样在校园文化传播中存在弊端。

传统媒体在校园文化传播中具有单向性，不利于信息反馈。校报、宣传栏、广播等这些校园传统媒体在传播校园文化中，校方始终是信息的发布者，学生则是信息的接收者。传播信息的单向性限制了内容的广泛性，也不利于进行

① 姜恩来．新媒体环境下的大学生思想政治教育［M］．高校理论战线，2009 年第 6 版：23-24.

② 田静．新媒体环境下大学校园文化建设研究［D］．青岛：青岛理工大学，2016：34-47.

信息反馈。大部分校报等传统媒体都是学校党委或宣传部进行撰写，往往很少真正进行调查学生所需，很多信息都不是学生所感兴趣的，但又由于信息单向性传播，学生们也无法反馈自己的意见。相比而言，一些社团创办的报刊可以直接反映学生心声，但经常会受资金等问题约束，出版周期实在太长，内容也不能严格把关，最终也是错误百出，没有对校园文化建设起到良好的宣传作用。

（3）新媒体对大学文化的推进作用。

除此之外，比如传统媒体传播形式单一、成本较高等也是传统媒体在推进校园文化建设中存在的问题。所以，现在就非常迫切地出现一种新的媒体形式来推进校园文化建设，这就是新媒体。①

作为网络传播的载体，新媒体融入校园，创新了大学校园文化建设的载体，包括物质载体、精神载体以及制度载体，促进了大学校园文化建设新发展，也带来了更新换代的机会。

就物质载体而言，新媒体传播网络数字化技术突出，推进了大学校园各种信息化基础设施建设，创新了大学校园文化物质载体。新媒体时代下的计算机网络教学，可以使课堂学习氛围更加生动有趣，计算机网络新媒体为大学生提供了更多的交流机会，不再仅仅局限于课堂的师生探讨，师生还可以在论坛、博客等平台与全世界朋友进行学术交流。新媒体技术时效性、广泛性也深受师生喜爱，师生通过这些新媒体载体获得更及时、更多的信息，特别是对拓展师生知识广度起到很大作用。大学生可以利用手机、电脑等新媒体获取大量自己感兴趣的信息资源，同时还能与线上同学进行互动式学习，极大地培养了他们的自学能力以及好奇心，提高了广大大学生的学习效率和创新能力，打破了传统的封闭式授课模式，形成了学生自主开放的学习模式，对大学生学习方法产生了积极的影响。

在精神载体方面，高校思想政治教育是大学校园文化建设中精神文化建设的重要内容，大学思想政治工作的载体，是指在实施思政教育过程中可以传承和传递思想政治教育的内容、为受众主体所运用、促使思政教育主体和客体之间相互作用的一种形式。如何使思想政治工作更具有时效性是各个高校的工作重点，新媒体的快速发展为这项工作的顺利进行提供了很好的平台，与传

① 王学俭，刘强．新媒体与高校思想政治教育［M］．北京：人民出版社，2012：18-21.

统的校园媒体相比，新媒体拥有信息覆盖面更广、信息容量更大、信息传播速度更快以及信息操作更便捷等特点。教育部先后印发了《关于进一步加强高等学校思想政治教育网络工作的若干意见》和《关于进一步加强高等学校校园网络管理工作的意见》等文件，之后各个高校都在全面布置思想政治教育网络工作，并鼓励积极探索和创新具有新时代特色的工作思路和方法，主动了解掌握网上话语主动权，积极营造良好的校园网络文化环境。如校园网络载体就是思想政治工作的新载体，校园网络载体，就是指以互联网这个新媒体为载体，向校园文化建设者传递正确、生动、丰富的思想政治教育信息，帮助其形成新时期所需要的思想政治观念、道德规范以及健康的精神状态。这种网络新媒体载体的运用克服了时空限制，利用这个平台，逐渐改变以往传统的说教单一形式的教育，学生们可以利用庞大的网络系统方便地获取各类自己喜欢感兴趣的信息资源，也可以通过一些视频、图片、音频快乐地学习，还可以通过微信、QQ、微博等新媒体工具与老师、同学、社会相关学者进行平等互动交流。

除了新媒体环境下创新的校园文化建设的物质载体、精神载体以外，制度载体也是另一个重要方面。我们知道大学校园文化中制度文化是一个非常重要的方面，它起到一个桥梁作用，如果说制度文化发展不好，那么精神文化以及物质文化都不可能发展好。大学校园文化的制度管理贯穿整个校园文化建设的方方面面，大学校园文化中的制度文化需要严格又灵活的制度载体为支撑。新媒体环境下，信息的传播更加便捷主动、鲜活，而且信息的发布者和接收者也更加灵活，不再如传统媒体那样单向传播，传播模式更加灵活多样，有“一对一”“一对多”“多对多”等多种形式，这些种种特性为大学校园文化制度营造了一种轻松自然的环境氛围，有利于校园文化建设者更加积极主动地参与到制度文化的建设中来，使大学校园文化制度文化更加成熟化、网络化、新媒体化。

新媒体以其信息量大、时效性快、互动性强等特点，深受广大师生青睐，新媒体的加入，使大学校园文化建设如虎添翼，增加了大学校园文化的时效性、多样性，新媒体已经广泛普及到大学校园文化的各个方面。

如今，新媒体飞速发展，已经成为大学生获取信息最主要的方式。新媒体已经成为在校大学生获取信息最主要的途径。在这些新媒体中，校园网、微信、QQ 群、微博、邮件是大学生最常用的新媒体形式，2015 年上海交通大学社会调查中心发布的《2015 年中国大学生媒体使用习惯调查报告》显示，90%以上中国大学生每日使用互联网时间超过2小时，而超过半数学生不接触报纸。这项调查是对除港澳台、青海省、西藏自治区以外的29个省份的2240所普通高校进行的调查，具有较强的说服力。大学生属于我们国家的精英人群，新媒体的熟悉运用已然成为他们生活中不可或缺的重要部分，每天新闻资讯的获取、学术交流讨论都离不开网络资源，而绝大部分大学生还是能够客观认识到多媒体的利与弊，能够利用好新媒体给大学生带来的便利而去自觉规避其弊端，使新媒体更好地为师生所服务，获取更多有价值的信息资源。

纵观现在在校大学生，移动智能手机基本覆盖，人手一部或者更多，笔记本电脑覆盖率也占90%以上，可见新媒体工具的普及速度非常惊人，而且大部分学生同时拥有笔记本电脑和智能手机，可见新媒体工具的使用已经普遍存在于大学生之中。智能手机是指像个人电脑一样，具有独立的操作系统，独立的运行空间，用户可以自行安装各种第三方服务商提供的软件程序，并且可以通过移动通信网络来实现无线网络接入手机的总称。随着近两年的飞速发展，智能手机已然成为社会不同人群用来掌握信息、通信和娱乐的工具。喜欢接触新事物的广大在校大学生理应成为智能手机的重要群体之一，智能手机能够方便快捷地开阔大学生的视野、获取知识，同时还可以丰富他们的精神生活，无数的公众号、生活服务软件，使智能手机成为每个大学生名副其实的"私人助理"。笔记本电脑也称膝上电脑，顾名思义是一种小型、便携的个人电脑，而且随着笔记本技术越来越先进，其体积越来越小，功能越来越强大，成为在校大学生尤其是研究生等高学历学生必不可少的工具。小到论文撰写、课件展示，大到实验数据分析，绘图制作等都离不开笔记本电脑，现如今，笔记本电脑已然成为师生生活中的一部分。智能手机和笔记本电脑是在校大学生最为普遍使用的新媒体工具，除此之外，还有很多新媒体工具也逐渐出现在师生中，例如，平板电脑的便捷性慢慢地也开始受到广大师生的追捧，电子书受到广大阅读爱好者的喜爱。在这个互联网新媒体的年代，新媒体工具已经普遍存在于校园、存在于广大师生手中，为他们的学习生活服务。

随着互联网和智能手机的普及，QQ、微信、微博、电子邮件等新媒体方式的迅速发展，在校大学生之间的人际交流方式也发生了巨大的变化，以前的书信、面谈等交流方式早已退出历史舞台，取而代之的是聊微信、QQ，朋友圈互相点赞、分享动态等这些新媒体手段。这些方式，可以不受时间地域限制，而且属于即时通信，方便快捷是广大在校生使用它们的重要原因。

随着新媒体的普及，教学方式也发生翻天覆地的改革，传统的教学模式主要是老师讲、学生听，辅助工具就是教材，整堂课枯燥乏味，在课堂上学生经常无精打采、毫无生机。而随着新媒体的介入，通过新媒体手段，老师经常在课堂中插入视频、音频等形式，将课堂知识点形象化，使同学们更容易理解。而且通过网络，可以形成线上线下双重教学，随时不受时间空间限制，老师可以进行疑难解答，真正使学生成为主体，和老师进行双向互动学习。对于一些操作性极强的学科，理解课本知识的同时，线上模拟操作演练能使理论与实践相结合，真正使学生理解课本上的知识点。

同时，借助新媒体平台，各个大学校园文化活动举办方式得到很大发展。在新媒体条件下，校园文化活动的开展突破了传统媒体受时间、空间限制，活动覆盖面小，活动参与度不高，宣传影响力度小等条件限制，结合广大师生兴趣点，给广大学生提供更多的主动参与的机会，而且主要采取音频、视频、电脑特效等与时俱进的多媒体形式，既满足了广大青年学生对时尚的需求，也更好地提升了校园文化的影响力。就目前情况来看，各大高校举办的校园文化活动都积极利用了网络新媒体资源，取得了不错的反响。

随着新媒体对大学校园文化建设的影响，高校校园信息网络工作也在不断推进，如网上办公系统的完善、网站学校社团组织的构建、多媒体教室的普及等都需要一些网络新媒体工作者的付出。等多媒体设施建设完备后，高校在利用新媒体进行校园文化建设、开展各项活动的同时也应具备一定的新媒体操作知识与技能，慢慢地就会使校园文化建设主体的师生新媒体素质也得到相应的提高。随着新媒体技术在大学校园文化建设中地位和作用的日益凸显，带动了新媒体环境下师生之间多向互动的交流方式。各类校园新媒体深受大学生的喜爱与关注，给他们创造了“发声”的平台，使得他们充分发挥自己的个性才能，增强了他们认识世界与改造世界的能力，有助于提高大学校园文化建设者的思想道德素质、身心素质、科技文化素质与创新素质。

媒体技术的更新和推用代表着文化的变迁，它是文化变革的推进器，传统媒体技术逐渐被新媒体技术替代，这不仅仅是技术发展的需求，也是媒体技术作为文化传播载体的任务需要。网络的兴起，客观地促进了文化传播载体的更新，新媒体的发展也对网络的使用和网络文化的推广起到了推波助澜的作用，不仅为大学师生们提供着新的生活学习方式，它还携带了更新的信息意识、现代科技意识、开放意识和商品意识，使得每一个受众人群有了更多的时间、机会和能力获取知识、感悟和理解时代精神并关注自己的生存质量。①

（4）新媒体成为校园文化的传播助推器。

新媒体形式的多样性，一方面新媒体通过多种多样的媒体传播形式，多元化、立体式宣传，可以更加生动活泼地展示校园文化生活，比如可以通过图片、视频全方位更加形象地展现给师生，更加具有吸引力，大大提高文化活动举办的成功概率，利用新媒体的艺术性还能够使举办的文化活动更加唯美动人，质量大大提升。另一方面，针对一个热门话题或者新闻热点，可以利用新媒体传播载体的多样性，全方位、各方面进行宣传，受众群体同样可以通过网络、手机终端或者客户端进行互动交流，以第一时间抢占舆论先机，把握主动权，以正确的舆论引导人，做到更加贴近师生，可以对学生思想产生较大影响，有利于大学校园文化的建设。虽然新媒体载体形式具有多样性，但之间是相互联系、相互融合的，各种不同媒体之间有着相关的业务往来，比如微信平台可以为校报提供电子版，使传播效率大大提高，提高其关注度和影响力。

新媒体对文化的传播影响力是深远的，新媒体作为一种传播新形势，以其时效性强，覆盖面广深受师生喜爱，不管是学校的文化活动，还是学术交流、社会实践等多种形式的校园文化形式都可以通过新媒体进行传播。比如，以往传统媒体之首的校报，传播速度慢，覆盖范围有限，而新媒体的介入，就很好地弥补了这一不足，师生不论是在校内还是在校外，不管是在食堂还是在宿舍，都能很方便地收到信息，了解最新动态。总之，新媒体在校园文化传播、增加校园文化影响力等方面，作用不可替代。

此外，新媒体对校园文化有舆论导向功能和宣传教育作用。新媒体在信息传播交流过程中表现出巨大优势，比如受众范围巨大、时效性强，得到很多人的认可与青睐，成为当前非常重要的舆论阵地，不管是社会发展的一些热点问题，还是学术争论问题在互联网上都能找到各种答案，各种信息通过新媒体平台广泛宣传，各类社会评论、交流讨论等得到广泛关注，同时为大学校园文化建设提供很多素材和资源，搭建起各种舆论平台，为在校大学生了解政治、社会问题提供更多机会，有很强的舆论导向之功效。新媒体传播力度大、范围宽、显而易见，所以可以说是一种扩大器，可以帮助教育者进行教育宣传。随着大学校园文化的不断发展，新媒体也越来越多地肩负起传播校园文化的重

---

① 赵君，张瑞．推进高校文化传承与创新的思考［J］．思想政治教育研究，2012（4）：17-20.

任。从拉斯韦尔的传播模式我们可看出：传播过程是一个目的性行为过程，具有企图影响受众的目的，因此说传播过程是一种说服过程。新媒体同样是一种传播媒介，它的传播过程也是有着很强的育人功能。新媒体既要传播信息，造就舆论环境，也要致力于全面提高大学生素质，营造积极健康的校园文化。此外，新媒体在抵制不良文化的侵蚀上也起到重要的作用。新媒体不仅仅是传播先进思想和文化的阵地，更是和不良思想、文化作坚决斗争的战场。新媒体的覆盖率越大、传播的先进思想越多、传播的方式越巧妙，学生就越容易接受，因而接触不良思想和文化的时间和机率就会相对减少。这对大学生建立健康、健全的人格起着不可忽视的作用。大学校园新媒体要切实成为和谐校园文化的推动者和守护者，在报道学校改革发展成就的宣传中，渗透着校园文化的内在底蕴，容易引起师生心灵上的愉悦；在宣传校园各种文化活动的报道中，表现行为文化的高雅正统，营造生动、健康、文明的校园文化氛围；在宣传学校教学、科研、管理等建设成效的报道中，传达制度文化的教育内涵，引导学生养成良好的习惯；在对学校深厚办学底蕴和传统积淀的挖掘提炼中，促进学生科学态度、文明风范、价值观念的确立和养成。

新媒体也是传承发扬校园文化的载体。大学不仅是育人中心，也是科学研究中心，当然更是文化传承的重要机构。学校重大科研成果以及文化发展都是大学新媒体传播的重要内容。高校新媒体作为大学文化的传播载体，一方面为文化的传承和发扬提供了方便快捷的形式，另一方面新媒体技术的先进，也为各种文化的交流、碰撞创造了机会。例如，一些学校举办的一些关于传统人文文化的大讲堂，通过图片、视频等新媒体的形式进行人文宣传，真情实意感人肺腑，可以引起师生的共鸣，同样在社会上产生强烈影响，传承和发扬了大学校园文化，保持了大学的精神品质。

文化这种信息和符号，通过日常的“行为”和“话语”表现出来，包含和展示着当下的社会互动关系，采用何种媒体呈现，直接影响着传递的形式和接收信息双方的心理。作为迄今为止最有力度的一种传媒方式，其广泛性与群众性产生着越来越大的影响。[①] 在大学里，新媒体在教学和管理上的运用日渐成熟，极大丰富了大学校园文化建设的传播形式。这些特点，既带来了机会，也给大学中的个体和群体带来了一些影响。而这些影响不光全是好的、积极的，

① 赵君，张瑞．推进高校文化传承与创新的思考［J］．思想政治教育研究，2012（4）：17-20.

尤其是对意识和思想的冲击，对于处于先进文化和重思考的大学而言会有更敏感的反映，存在着一系列的文化冲突。①

（1）个人化和个人主义。

我们在前面欣喜地预言了网络传播方式能增进个人意识，从而为大众社会走向个人社会奠定基础。可是同时我们也发现，追求个性、满足个人兴趣都有可能使个人意识得到极度膨胀，从而导致以自我为中心的个人主义。而没有了集体文化这一纽带，无疑使个人走向个人主义更缺乏有效的束缚。当然，个人化和个人主义本身就是一个事物的两种表现方式，个人主义是个人化比较极端的表现方式，个人化往前走一步，就有可能成为个人主义。网络既可以是一个大的互相交流空间，也可以是一个个独立的个人信息处理中心。个人化的服务、运用，使个人需求得到最大限度的满足，无须现实交流，成为“独行侠”，以个人为中心的学生越来越多。

（2）网络综合征的出现。

网络传播技术为社会带来现代化的体验，同时也以牺牲某些传统传播方式为代价。早在人们开始用电话代替写信的时候，已经有不少人抱怨，电话联系虽然方便，可是写信传递情感的乐趣却大大减少。电视的出现又使人们乐于“蜗居”在家，逐渐减少外出的次数，由此带来的人际交往的乐趣也大为减少。网络传播的出现使人们据守在电脑面前，疏于和熟人联系却乐于和网上的陌生人热谈；电子邮件逐渐成为电话传播的替代，人际交往首先要过“人机交往”这一关。网络造就了一批“上网成瘾者”，他们每天必须花几个甚至十几个小时流连在网络中。他们有的完全沉浸在虚拟世界中，将自己等同于自己的虚拟身份，甚至混淆了现实和虚拟的差别。由于过分依赖网络，造成人际关系隔离，人文精神缺失，产生紧张、孤僻、情感缺乏等症状，表现出不同程度的人格障碍和人际交往障碍，一旦离开网络就无所适从，无法面对真实的社会。现实社会中因迷恋网络导致学业难以继续，精神问题严重的现象在青少年学生中尤为普遍。

（3）自由的悖论。

毫无疑问，网络开启了一个言论充分自由的时代，对于个人来说，网络的

① 苏国红，李卫红．大学校园文化创新应是大学人自觉的文化选择［J］．理论研究，2009（5）：19-21.

便利性和匿名性带来了前所未有的自由空间，在网络这个虚拟世界中，每个人都可以以虚拟的身份畅行无阻，再加上对这一新生事物还缺少强有力的管理措施，使得“意见的自由市场”有时竟然变成一些人任性妄为、传播虚假信息的“乐园”。当真实世界用各种检查制度和权衡措施将邪恶挡在门外时，人性中的所有恶魔，却迅速地跳到网络空间来寻找温床。散布谣言，网络诈骗；抄袭他人作品，侵犯他人著作权；入侵他人网络，窃取数据资料等，自网络诞生之日起，就一直没有停止过。人们起先为之欢呼的网络时代带来的无限自由已经暴露出诸多弊端，自由与安全缺失如影相随，成为网络传播发展进程中的一把双刃剑。大学生处于青春期，处于价值观的形成期，思想活跃，对新鲜事物接受力强，易受感染，在面对良莠不齐的网络信息时，容易被煽动；学术腐败和抄袭也已成为高校毒瘤之一，而网络更是给这种行为提供了捷径。

（4）全球化和地域文化冲突。

在网络传播中，全球信息共享和地域文化冲突是一对不可调和的矛盾，网络改变了生活，也为意识形态创造着另类的平台。[①] 网上有渗透，网络有政治，网上有较量。网络所具有的广泛性、即时性、开放性、共享性、互动性等优势，决定了互联网日益成为意识形态的重要阵地。互联网上各种思潮激荡，从不平静。不少人对由此带来的“文化渗透”忧心忡忡。各种文化形式彼此之间的冲突和融合在当今世界本来就难以避免，网络只不过提供了一种新的传播形式，很难说它是否会成为冲突和融合进程的加速器。事实上，电影、电视、广播、书籍，一切传播媒介无一不为接受者带来文化冲突的经验。而从历史上看，社会文化的变迁往往屈服于强势文化。这或者是由于某种文化远远高于另外一种文化；或者是由于统治阶级强制其他民族的文化接受自己的文化形式，而目前世界各种文化形式并无明显的高低之分，中华文化也是世界上比较重要的一种存在形式。当然，我们仍然需要加强经济和社会文化建设，制定政策法规抵御不利的文化信息渗透，从而使本民族文化在文化全球化进程中保持一定的优势。虽然网络给大学的学术和人文交流提供了更广阔的平台，但本土的大学文化在受到全方位的全球化文化冲击下，亟须保护。然而真正的保护不是故步自封，而是随着社会和时代的节奏去汲取去创新。

---

① 李伟明．论新媒体环境下的校园文化建设［J］．文史论坛，2011（12）：115-116.

二、消解传播技术给大学文化生态带来负效应的具体对策

1. 网络媒体在大学校园文化建设中带来的具体影响

新媒体的出现丰富了大学校园文化建设的内容、途径，带来了新的活力，有着积极的影响，但其特点决定了对其进行监督、掌握的难度，再加上在校大学生思维活跃，对新型事物很感兴趣，价值观又没有完全稳定，很容易受到各种网络信息影响，所以新媒体融入大学校园文化建设以后同样面临一系列的问题与挑战。①

（1）信息传播渠道多样化、自由化，使校园舆论导向难度加大。

随着新媒体互联网技术的迅速普及，现在传媒格局已经发生变化，互联网新媒体以其时效性、开放性、迅速性、虚拟性、互动性、平等性等特点使海量信息自由传播，突破了传统媒体在信息生产以及传播方面的不足。

任何事物都有其两面性，新媒体一方面丰富了校园文化的内容，给学生学习生活带来很多便利，但另一方面由于信息自由，对其监管难度加大，有时会受到一些与社会公德相违背的不良信息的干扰，目前，我国网络安全方面的立法还非常不健全，一旦出现网络安全问题以及违法行为将很难得到解决，比如网络话语权滥用导致舆论不可控；网民身份信息虚拟性导致公信力缺失；信息的发布缺乏“监管人”，导致一些传播的信息存在虚假性，甚至会有一些敌对势力意识形态的传播和侵入，对广大学生意识形态建立带来极大威胁。而当代大学生通过互联网来获取重要信息的比重已达90%以上，他们可能是广大负面舆论的受害者。大学生正处在人生成长的关键时期，大学生接触信息更加宽泛，而且方式更加灵活自主，这段时间是其人生观和价值观形成关键期，还没有稳定成型，缺乏理性的辨别能力和道德认识，面对海量信息，缺乏对信息的辨别和思考，面对腐朽的堕落思想诱惑，一旦不能正确认识，很容易走错方向，对其发展将产生不利影响。

（2）信息的极易获取，导致大学生独立思考和学习能力降低。

新媒体为大学生提供了海量的信息资源，而且以其便捷性使广大学生很容易获得这些信息资源。大学生处在人生中的成长阶段，各方面还都没有定性，其自我控制能力比较差，所以容易过分依赖于新媒体所提供的大量信息，

---

① 陈秋燕．大学校园文化建设的理性思考［J］．教育评论，2004（4）：43-45.

自己不再去斟酌信息的可信度，对新媒体的依赖性逐渐提高。一项调查显示，60%以上的大学生都有过通过网络复制抄袭信息的行为，这样很容易使学生产生学习的惰性，放弃思考，考试作弊，作业没能保质保量完成，浪费大量时间以及精力，学习效果降低，过度地依赖电脑打字致使手写时忘字、忘词等。

再比如，随着智能手机这种终端设备的普及，相应地出现这种“快餐文化”，无论何时何地，一部手机就能使人们了解国家大事，但是很多学生就养成了吃“快餐新闻”的习惯，以看小说的心态来看新闻，或者只看标题看大概，而忽略对其进行深入分析，长此以往学生便失去了对问题进行独立思考的能力。正如马斯特所说，“超文本的阅读方式使用户具有极大的选择自由，同时又使人失去活动的方向感和历史感”。现在大家逐渐意识到这一点，开始倡导读书的重要性。因为在读书过程中可以使我们学会思考，锻炼开发思维能力。人们可以享受独立的思考过程，在享受文化的同时，保持一颗清醒的大脑而不迷失自我，但是随着新媒体的广泛普及，图书的阅读越来越少，一项调查显示，超过80%的在校大学生选择方便快捷的电子设备进行获取信息，已经不再习惯看纸质的载体来进行深入思考，这样不利于培养广大学生质疑和批判的精神。

导致大学生学习能力降低的还有一个重要原因，就是新媒体娱乐形式的广泛性导致一部分大学生对其着迷，从而荒废学业。大学生的自觉性和自律性相对薄弱，海量网络信息中夹杂着很多新鲜好奇的事物，而使他们很容易沉迷于一些娱乐休闲中不能自拔，长期下来则会忘记自己的本质任务，偏离自己的人生目标，忽略学业，无视校园文化的存在。

（3）大学生依赖网络，引发各种心理问题。

新媒体超越了时空的限制，网络的虚拟性、开放性等特点，使其迅速被大学生广泛使用，但很多大学生整天沉迷在网络世界里，人与人的交往不再是面对面或者书信来往，而是通过QQ、微信等各种社交软件进行交流，长此以往使大学生开始逃避现实，严重影响大学生的身心健康，使得人与人之间的交流也产生障碍。

首先，随着新媒体各种社交软件的普及，大学生人际交往方式已经发生改变，很多大学生习惯于通过社交软件交流心得，传达各种事宜，新媒体的即时性的确给生活工作带来了很多便利，但慢慢地很多学生喜欢将自己难以启齿的话发到自己的网络空间上去寻求发泄，甚至喜欢与网络中的陌生人进行交流，希望得到他们的关注与安慰，而不再喜欢面对面的交流诉说，逐渐对现实社会疏远，难以建立起正常的人际社交关系，而且网络交往中存在很多虚假性，时间一长，人们在网络上就会对很多东西似信非信，很多在校大学生在网络上已经形成虚假言行的习惯，将其带到现实社会，使人与人之间交往缺乏真诚，但现实社会中有严格的道德规范，这会导致人与人之间产生信任危机，从而影响大学生人际交往的健康发展。可见，随着即时网络时代到来，大学生对网络的依赖性越来越强，随之产生的人际交往问题越发严重。

部分学生沉溺虚拟空间不能自拔，终日与网络游戏、社交软件打交道，在虚拟的世界里花费大量时间，与现实脱离，导致性格孤僻，甚至丧失自我，一系列心理问题逐渐出现。新媒体环境下，充斥着各种大量不良信息，这些不良信息甚至可能使一些青少年走上犯罪的道路。一项调查研究表明，在校大学生平均每天上网 2 小时的人数达 56%，每天上网 5 小时以上的人数也占 11%，几乎不上网的学生仅占 3%，很多在校大学生因为晚上上网时间过长而导致第二天起不来，学习效率降低，又缺乏锻炼，造成身体素质下降、生物钟紊乱等问题。网络的虚拟性和开放性致使很多网络用语不文明，在网上随意谩骂、传播不雅图片等行为也屡见不鲜。更严重者还患上“网络成瘾症”，对于网络过度依赖而导致明显的心里异常，甚至还可能导致其丧失自我。患者由开始只是精神上依赖网络，慢慢发展到身体也开始依赖，只要是上网的时候就会异常兴奋，而一旦脱离网络就会萎靡不振。沉沦于网络游戏中的一些学生，经常把游戏中的暴力行为带到现实中来，严重的可能引发青少年犯罪。我国已经报道了很多因网络暴力而发生的伤人事件，甚至有的学生因为网络成瘾还偷取家里钱财，后来被父母发现，竟杀害自己亲生父母。还有很多大学生沉沦网络色情，现实生活中多次猥亵女性，这些都是心理问题和人格障碍的表现。种种现象都向我们表明，新媒体已经成为我们生活中的一部分，给我们带来了很多便利，但所引发的问题依然相当严重，给大学生身心健康带来的问题需要引起我们的高度重视，亟待解决。

（4）新媒体硬件建设相对滞后，学习平台重视不够。

随着新媒体时代的到来，高校校园多媒体设施建设也由最初的校报、宣传栏、广播站过渡到校园网站、校园论坛等，随着网络的不断发展和智能手机、平板电脑移动终端的广泛运用，又出现了 QQ 群、微信公众号等平台，各高校逐渐认识到新媒体与传统媒体建设的相结合已经成为增强高校软实力、扩大学校知名度、提升综合实力的有效手段。

随着新媒体技术普遍运用于校园，现在各大高校也已经有自己的网络中心，但硬件设施还是相对落后。首先高校就要进行计算机网络的建设，例如，防火墙构建好才能阻止计算机病毒和网络黑客的攻击，保证在校大学生信息的安全性，促进大学校园文化健康发展。对于大学现代化校园基础设施的构建，同样有助于新媒体环境下校园信息化环境的建设。以大学图书馆为例，它是每一所大学学术文化底蕴的标志，如“哈佛大学图书馆的检索方法非常方便，读者只要将大约16开大小的分类胶片插进显相机里，显相机就能将胶片上记录的书名、书号显示出来，借阅者便能很快查出自己要借阅的书的编号。”

现在提倡素质教育，最重要的就是培养学生的创新精神和实践能力，确立正确的人生观、价值观，而由于高校新媒体软硬件建设不足，缺乏对学生综合素质的培养，不能为学生提供一个较好的学习平台。例如，学校官方网站或者论坛点击率比较低，因为其内容过于单调，且不贴近学生生活，缺乏一定的实用性，信息的时效性也比较差。总之，如何提高高校新媒体相关硬件设施的建设，建立一个健康、时效性强、实用性强的学习平台，是摆在高校相关工作者面前的一个问题。

（5）新媒体教学弱化了传统教学模式。

新媒体教学的普及，为学生带来新颖、快乐的学习过程，对传统教学模式是一种挑战。传统的教学模式是老师的单向授课，更多的是注重传授书本知识，掌握专业理论，但缺少实践。随着新媒体的加入，高校教学模式发生了很大的变革，已经从老师讲课、学生听讲的传统教学转变为网络多媒体教学，形式多样，而且没有时间、地点限制，学生通过网络与师生进行互动，使学习的时效性加强，更大程度激发学习热情。但是，我国传统的教学模式已经流传已久，有其优势，一味地追求高科技网络教学，很容易将西方教学理念过多地灌输给学生，而影响其价值观。所以运用新型教学模式固然好，但也不应该将传统教学模式抛之脑后。现实生活中很多大学生对传统教学模式产生抵触，认为我国新媒体与传统教学模式结合得还不成熟，只认可有新媒体高科技的项目，而对传统教育模式不认可。因此，怎样运用新媒体网络教育方式保留住传统教育模式中的精华，以及如何使新媒体教学与传统教学模式相结合是新媒体时代我国传统教育方式面临的问题。

（6）新媒体全球化弱化了大学生的民族认同感。

新媒体全球化的多元文化对校园文化建设的影响，如同一把双刃剑，丰富了与各国文化交流，促进了教育文化改革，打破了思想禁锢，但另一方面由于西方大量信息的涌入，导致大学生民族认同感弱化，影响其价值观的形成。

网络是一个无国界的世界性媒体，无疑可以很好地促进大学生深入学习世界主流文化，但是，全球化同时带给我国最大的威胁就是削弱民族主权问题。如今我国已经成为世界级经济大国，但仍然是发展中国家，虽然即时新媒体时代已经普及，但西方对于新媒体网络仍有很大优势，例如，在全球网络文化交流中英语的信息量占90%以上，而中文的不足1%，所以很多西方国家敌对分子就以网络信息来迷惑广大大学生，来迷惑其民族认同感，借机建立所谓的“网络文化霸权主义”。我们知道民族自信心是对自己民族未来和发展充满希望的一种肯定，只有充满强烈的民族自信心，才能全身心维护民族尊严，促进我国发展。自从网络成为世界主流文化传播的一种重要途径以来，多种文化的交融使部分大学生的民族自信心明显减弱，尤其是西方资本主义思想的传播，一定程度上影响了我国部分大学生的思维观念。此外，在多元的网络世界里，民族传统文化和民族价值观也受到冲击，给涉世未深的广大大学生带来危害，极大地影响到他们价值观、人生观、世界观的形成。在校大学生肩负着祖国的未来、民族的希望，为中华民族的繁荣昌盛而努力是大学生的义务与责任。网络信息中充斥着各种文化信仰，有拜金主义、享乐主义等，这使很多价值观念和道德品质还没有形成的大学生缺乏艰苦朴素的精神，缺乏为中华民族振兴的进取心。这是一个很严重的问题，必须想办法进行改进。

2. 网络环境下大学校园文化建设的路径探析

（1）坚持正确的理念指导，引领网络环境下的大学校园文化建设。

政治方向是基础，正确的指导理念是实行一项制度措施的基础和根基，为措施的实行指明方向，保证其顺利实施。大学是社会主义建设的一个重要部分，要想更好地长期发展，就应以社会主义核心价值体系作为网络环境下大学校园文化建设的理念基础，“党的十七大报告指出，社会主义核心价值体系是社会主义意识形态的本质体现。要巩固马克思主义指导地位，坚持不懈地用马克思主义中国化最新成果武装全党、教育人民，用中国特色社会主义共同理想凝聚力量，用以爱国主义为核心的民族精神和以改革创新为核心的时代精神鼓舞斗志，用社会主义荣辱观引领风尚，巩固全党全国各族人民团结奋斗的共同思想基础。”社会主义核心价值体系的基本内容有“以马克思主义为指导思想、建设中国特色社会主义的共同理想、以爱国主义为核心的民族精神、以改革创新为核心的时代精神，和社会主义荣辱观。”在思想大爆炸的信息化时代，各类思潮良莠不齐，各种价值观都影响到大学校园文化建设，社会主义价值体系是社会主义意识形态核心，是构建社会主义和谐社会的重要条件，是全国各族人民奋斗的理想基础。社会主义核心价值体系有利于彰显马克思主义的生命力，有利于坚定理想、信念，有利于国民素质和国际竞争力的提高。社会主义价值体系以其最先进的思想理念、价值取向为大学校园文化建设指明了方向，理应成为新媒体时代下大学校园文化建设的理论基础。那么，如何在正确理念的引导下，开展网络环境下的大学校园文化建设？

首先就是要坚持马克思主义的指导，深入贯彻马克思主义中国化的理论成果，推动校园文化健康发展。马克思主义科学以客观事实为依据，兼有与时俱进、科学发展的特质。大学校园文化是我国先进思想传播的重要阵地，面对多元文化和多元价值取向，只有用马克思主义思想武装大学生头脑，才能使他们树立正确的世界观、人生观、价值观，才能使他们认识到人类社会发展的必然规律以及社会主义事业的长期性，从而激发广大学生的奋斗精神，为社会主义事业而奋斗。我们要以发展的眼光，结合国情和具体实际，用马克思主义中国化的最新成果来建设校园文化，巩固马克思主义在高校意识形态领域的指导地位。要深入推进马克思主义理论研究和建设工作，加强重点学科体系和教材体系建设，推动中国特色社会主义理论体系进教材、进头脑。

第二，要在网络环境下，坚定中国特色社会主义共同理想。我们知道中国特色社会主义是当代中国发展进步的根本方向，集中体现了中国最广大人民的根本利益。理想是以一定信念为基础的价值目标体系，是人政治文化生活的最高层次。坚持中国特色社会主义共同理想是大学精神文化建设的永恒主题，随着网络深入校园，给广大学生带来众多好处的同时也带来了很多腐朽的文化垃圾，大学生的世界观、人生观、价值观受到极大冲击，对学生的精神世界造成了严重影响。高校必须通过各种途径，使广大师生认识到只有把个人理想和社会共同理想统一起来，才能实现自己的人生价值。高校要紧密结合中国特色社会主义的成功经验，结合当代网络，联系大学生实际，针对社会热点和难点，引导大学生在重大问题上澄清模糊认识，抵制各种错误腐朽思想，以网络为载体，创新教育形式，形成具有自己特色的大学校园文化。

第三，要在网络环境下继续弘扬以爱国主义为核心的民族精神和以改革创新为核心的时代精神。民族精神和时代精神是一个民族赖以生存的精神支持，是网络时代大学校园文化建设的主旋律，也是培育大学校园文化精髓的现实要求。爱国主义为核心的民族精神教育，能够引领广大师生树立坚定的民族自尊心，使他们成为民族精神的继承者；以改革创新为核心的时代精神教育，可以培养广大师生的科学创新精神，培养科学创新人才，营造创新的文化氛围，使大学精神文化与当代社会发展要求相适应。要引导大学生弘扬一切有利于国家富强、民族振兴、人民幸福、社会和谐的思想和精神，发扬艰苦奋斗、勤俭节约的优良传统，要利用好网络资源，使之成为大学生弘扬培育民族精神和时代精神的重要载体。

第四，要在网络环境下，树立和践行社会主义荣辱观。社会主义荣辱观是社会主义道德的根本要求，是科学的世界观、人生观、价值观的统一。大学是广大青年学生价值观形成的关键时期，要帮助他们树立正确的价值观念。网络环境下，各种思潮冲击，对大学生价值观的判断造成极大干扰，所以对大学生进行荣辱观教育的意义重大，特别是将荣辱观渗入到校园文化建设中具有更重要的现实意义。所以，现阶段，我们要以荣辱观为导向，在网络载体下，进行健康向上的大学校园文化建设，引导广大学生追求真善美，抵制低俗文化，全体师生共同构建一个积极向上的校园文化环境。

（2）重视大学生网络素养的培养教育。

现如今，网络已经深入大学，影响着广大师生的生活和学习，网络在带来强大信息量与便利的同时，一些不利影响也悄然出现。大学生对网络信息的过度依赖，再加上网络虚假信息泛滥，给广大青年学生带来极大负面影响，因此亟须对大学生进行媒介素养教育与引导，教会广大学生如何安全辨别网络信息，提高他们对信息的解读能力、选择能力。

所谓媒介素养，是指培养学生具有健康的媒介批判能力，使其能够充分利用网络媒介资源完善自我，参与社会发展。目前，我国高校大部分学生都存在媒介知识欠缺等问题，近年来，联合国教科文组织以及英美等发达国家，不断加强对高校媒介素养教育的研究。美国媒介素养研究中心将媒介素养的习得分为五个阶段，具体技能表现为获取、分析、评价、创造和参与，每个阶段的培养都影响大学生形成良好的媒介素养。那么，具体通过哪些途径来培养大学生网络素养？

首先，要提高广大青年学生使用网络的意识，教授他们掌握网络基本的操作技能。高校用网络进行一般课程教育的同时，也应开设一些网络相关理论知识以及操作课程，帮助青年学生获取、掌握媒介操作的基本知识。

第二，网络环境下大学校园文化建设融入学生的媒介素养教育，要加强对学生进行网络道德教育和网络法律意识教育，将有关媒体的法律教育写入教材从而进入课堂，教师在授课过程中也要深入了解学生，积极发现青年学生在网络使用过程中遇到的问题，进行分析并给予指导。对大学生进行网络法律意识的教学是时代的需要，通过课堂教学提高大学生网络法律意识，使学生分清虚拟世界和现实世界，提高他们在网络上分辨是非的能力，从而帮助大学生学会如何有效分析网络的有用信息，加强大学生对网络信息的判断评价能力。加拿大媒介素养教育学会认为，“所有媒体反映的实事都是建构现实，即媒介所呈现出的事件场景，是大众传播媒介通过对现实世界中象征性事件或信息，进行选择加工，重新加以结构化之后向人们提示的环境”。网络环境下的各类信息良莠不齐，大学生应当认真领会如何区分新媒介事实与现实表象，在这大量的媒介信息中学会去粗取精、去伪存真，培养大学生形成对网络信息的批判性思维。

第三，通过课外实践活动，来培养大学生良好的媒介运用能力。在培养大学生媒介素养的过程中，传授灌溉相关媒介知识的同时还要开展一些实践活动，并鼓励广大学生积极参加，这样大学生在掌握相关理论知识的同时，参加一些实践活动，运用新媒介来表达自己独特的观点，其媒介素养很快便能提高。当前，各大高校都有形式多样的课外活动，如知识竞赛、社团活动、辩论赛等，这些活动对丰富广大学生的课余生活起着非常重要的作用。同样网络素养的培育也可以采取专题辩论、知识竞赛等形式进行推进。例如，可以将网络素养有关的网络法律、犯罪案件等知识融入辩论赛中，使大学生主动去学习相关知识；还可以与相关部门进行联系，组织学生进行校外活动实践或者模拟案件重现，将网络素养的重要性深深地嵌入每个大学生心中。通过这种形式，将媒介素养融入大学生生活和学习中，使大学生逐步形成一种理念，并转为一种行动。

（3）落实可行的实践措施，推进网络环境下大学校园文化建设。

以前传统媒体进行信息发布，每一条都是经过相关部门的严格审核筛选，对发布信息有着相对严格的监管，但由于网络固有的开放性、即时性等特点使得人为控制信息变得非常困难，相关监管部门对每条信息进行审查也不现实。

但如果对校园信息没有任何监管措施，会导致很多不良信息得以扩散，将不利于校园管理，所以一定要根据网络传播信息的特点加强对其监控，将校园网络的监督与管理纳入校园日常管理机制，加大对校园舆论信息的监管，引导其发布健康正面的信息，防止不良信息传播，为网络环境下大学校园文化建设提供制度保障。网络环境下，高校应该根据自身实际情况，制定出符合大学校园的可行的大学校园网络监管细则，提高对校园网络的监管制度，保障大学校园日常管理顺利进行。

除此之外，还应该时刻关注学生关注信息的渠道，对于可能成为热点的信息要增加其敏感度，如若学生对一些不良信息加以造谣宣传，有损学校运行以及师生正常生活，应及时在官方平台将不良信息相关情况进行发布，目的是让学生了解整个事情的来龙去脉，以事实说话，避免事件丑化、放大而引起学生混乱，造成不良后果。一定要以准确、真实的信息内容帮助大学生了解事情，使他们明白在没有掌握事情来龙去脉之前一定不要胡乱编造谣言进行传播，使大学生自觉形成理性认识，这也是实现舆论导向的不错选择。

（4）推动中国传统文化信息化发展。

校园文化建设是为了满足学生发展需要，为广大学生而服务，现如今随着信息化时代的到来，网络技术和传统文化，是当前各大高校管理工作需要重点关注的因素。中华五千年文化源远流长，是世界文化发展的奇迹，是民族的精神和灵魂。在网络环境下，大学校园文化的塑造离不开中国传统文化的精髓，优秀的传统文化可以为学生指明方向、建立人生目标。例如，传统的儒家文化中“求道即求真——自强不息的精神”倡导积极有为的人生实践；“求善求美——讲道德、重教化的精神”提倡建立崇高的道德观念。厚德载物、弘毅致远等也能体现当代大学文化的需求。而当前人文精神缺失是各大高校面临的严重问题，如何将网络和传统文化相融合，是各大高校正在思考且是亟须解决的问题。

相对于网络的快速性，中国传统文化教育的开展有很大局限性，授课方式还主要停留在传统授课模式中，而网络技术可以为传统文化教学模式带来全新改变，让传统文化教育与时俱进，运用一些新颖的网络方式，以学生喜欢的网络窗口形式出现，与学生进行互动交流，告别枯燥的学习环境，使学生在快乐中学习，建立和谐有效的传统文化教育环境。除了以授课的方式灌输传统文化，目前各大高校进行传统文化的宣传途径还主要局限于举办国学讲座、开展以传统文化为主题的社团活动等传统形式，在网络环境下，我们可以将更多的网络资源融入其中，可以通过音乐、视频等方式宣传传统文化，也可以通过一些社交平台，例如，微信、微博，将传统文化融入学生生活之中。网络的发展给文化建设带来了契机，大学进行校园文化建设可以利用网络平台，将我国优秀传统文化与大学校园文化建设进行有机结合，实现大学生在传统文化与现代科学技术方面的整合性发展。大学生是国家的未来、民族的希望，中国传统文化也是中国教育的文化基础，随着网络时代的到来，我们需要继续对中国传统文化进行弘扬与继承，找出网络环境下传统文化繁衍的成长环境和方式，这对大学校园文化建设同样有着巨大作用。

（5）加强校园网络硬件设施建设，拓展大学校园文化建设新阵地。

唯物主义哲学中讲“物质第一性，物质决定意识”。所以大学校园物质文化建设是大学校园文化存在的基础，要想更好地建设大学校园文化，首先应该完善物质建设。网络环境下的大学校园文化建设，首先要加强相关硬件设施建设，尤其是学校网络建设，以促进大学校园进一步实现数字化建设。

现在每个高校基本都建立了校园内部网络，网络技术现已在大学校园文化建设中得到广泛应用，校领导也逐渐意识到网络基础设施建设的重要性，完善网络基础硬件设施是实现校园网络时代的基本保障，尽管一些高校已经建成了较为完善的网络系统，但由于互联网技术不断更新进步、迅速发展，致使相当一部分学校的硬件设施满足不了师生要求，所以在网络硬件设施的建设上要保持长效机制。大学校园网络系统有硬件系统和软件系统，硬件系统有网卡、路由器、交换机、服务器、防火墙等，维护改进这些硬件系统相当重要，这些硬件设施的好坏直接决定校园网络性能的好坏、安全等状况，完善学校网络硬件系统有利于加强校园网络的基础工程建设。例如，防火墙是链接局域网和广域网的安全设备，直接关系到校园网络的安全。高校相关网络人员要不不断学习新技术，尽量使用相对高端安全的网络产品，加大对网络数据资源的安全运行进行建设，加大校园文化现代化的科学进程，促进大学校园文化的健康发展。

学校为大学生提供的上网区域一般有公共机房、无线网覆盖区以及宿舍宽带区。在公共机房学校提供学生上网需要的机器，其他地方都是学生自备上网工具，如笔记本电脑、台式机、手机和平板等。据调查，大部分大学生都会选择在宿舍用自己的设备进行上网，但也有一部分没有上网设备的同学，而学校机房机器数量偏少，且网速有待提高，所以这就要求学校多建设一些高容量高质量的机房，为学生提供方便的上网场所，供他们查阅资料，学习计算机操作方面的知识。再者就是无线网覆盖区应该全面扩大，这样才能方便学生随时通过移动设备进行上网，来获取自己所需求的相关知识。

大学还应建立完备的数据库系统。学校数据库资源中，中文数据库是使用频率最多的，其中包括CNKI中国知网、CSSCI中文社会科学引文索引、维普、万方等数据库。数据库是教师和学生学习中不可缺少的资料源，高校要根据需求情况购买数据库，为广大师生带来便利。随着网络的普及，现如今视频数据资料也越来越常见，学生可以足不出户领略大师风采，在宿舍就可以观看一些公开课、进行远程视频学习。针对这种情况，学校应该根据具体情况为广大师生提供一些电子视频资料或购买视频数据库，为广大师生的学习和发展服务。

除此之外，在大学校园文化网络硬件建设方面还应加强主体网站的建设。校园主流网站是大学师生以及社会人士主要关注的网站，科学建设和管理校园主流网站，对整个大学校园文化建设有很大意义。首先要建立防火墙，对不良信息进行过滤，运用网络创新校园文化，传播一些正面信息，促进网络与校园文化建设协调，形成高校校园文化建设信息的资源整合。在网站内容方面，应该注意更新内容，而且要多一些实际性的学生关心的问题，而不是只强调形式、形象等面子工程。所以要重新整合网站内容，加强内容创新，注重思想建设的同时，还要注重网站信息的实用性和知识性。将大学生日常生活中有益于学习生活的内容吸纳其中，增强网站的亲和力。例如，内容可以按专业进行分类，将不同的专业知识进行分类归纳，更有利于师生学习。设立一些互动问答板块，将学生的疑难问题进行汇总，并及时给予回复与解答，帮助学生解决困难。

（6）网络与传统媒体相结合，取长补短共筑大学校园文化。

随着网络数字化时代的到来，大学校园引发了一场关于信息载体的大变革，大学生在享受网络带来便利的同时，传统媒体似乎受到冷落，但分析目前校园文化和创新形式来看，传统媒体依然发挥重要作用，不容忽视。例如，在信息可靠性与原创性方面，传统的纸质媒体就占领绝对优势，除此之外，校园纸质媒体还有一个重要作用就是记录大学校园的历史变化，这也是纸质媒体最原始的用途体现。

随着网络的发展，大学生容易接受新兴事物，所以在网络环境下，各校分别建立了自己的网络平台来不断扩大自身影响力以适应新的传媒方式。随着智能手机的普及，使得人人都成为自媒体，但同时也带来垃圾信息泛滥的现象，个别人甚至媒体为了追求点击率，肆意在网上发布虚假广告。此外，由于人员网络技术不过关，利用网络平台发布消息经常出现错别字、病句等问题。

在网络与传统媒体的博弈中，两者其实各有利弊，因此，要想更好地建设大学校园文化，应当将两者进行恰当深度融合，形成复合网络新形势。例如，校报，可以分别采用微博、校园网、纸质校报多种方式并行进行报道，信息首先以简讯的形式出现在微博、微信等网络客户端，这样保证了信息的时效性，随后通过纸质报纸进行深入报道，这样又保证了信息的可靠性和原创性，而且纸质印刷品长期以来形成的严肃性以及权威性，在系统展现学校发展成果特色、总结科研成果方面具有很强的文化价值导向功能和社会影响力。尤其在信息爆炸的网络时代，对一段时间内校园信息进行梳理和提炼，便于统一思想、凝练精神，纸质媒体就有此项功能，它有明确的受众定位，取阅便利，尤其在大学对外交往中具有很强的传播指导性。

高校宣传部门一定要清醒地认识到传统媒体和网络都是重要的宣传途径，可以推动传统媒体和网络融合发展，巩固思想文化阵地，壮大主流思想舆论。面对日新月异的网络发展新常态，高校应在理念、体制、技术、手段等方面，发挥各自大学专业和学科优势。在校园文化建设中，网络的发展并不意味着传统媒体的衰落，只有综合运用，真正实现网络与传统媒体的深度融合，才能更好地建设大学校园文化。习近平总书记曾多次强调，推动传统媒体和新兴媒体融合发展，坚持传统媒体和新兴媒体优势互补，坚持先进技术为支撑，内容建设为根本，推动传统媒体和新兴媒体在内容、渠道、平台等方面的高度融合。总之，在大学校园文化建设中，新旧媒体要融合运用，学会取其精华，开拓创新，与时俱进，使大学校园文化建设紧跟社会发展潮流。

（7）进行专业素质过硬的团队建设，营造网络大学校园文化新氛围。

在网络环境下，完善大学校园文化建设，需要建立一支思想过硬、技术过硬的专业团队。高校工作者应该适应网络时代的新变化，利用网络及时把握学生动态、掌握网络技术、学会使用网络语言进行舆论指导，努力掌握网上交流话语权。在师资队伍建设工作上，高校要重视网络素养的修炼与提高，紧跟网络发展的形势需要，定期开展培训与学习，帮助教师认识网络特点，掌握网络技术，打造一支素质过硬的师资队伍，更好地为高校校园文化建设服务。

首先学校要有专业技术人员来负责学校整个网络系统的技术安全，并能及时解决运行中出现的技术性问题，保障整个学校网络系统顺利进行，同时在网络技术层面对网络系统进行管理和监控。第二，要在非专业老师中进行基本的网络技术培训，来适应现代化教学的需要，为大学校园文化建设提供基础保障。如网络环境下大学校园文化建设的队伍建设中，可由分管网络和分管思政教育的领导一起牵头，鼓励大学网络中心专职老师与马克思主义理论教学中心的骨干教师双向互动和积极配合。网络环境下，教师对网络的重视程度和使用水平，很大程度上决定了学校运用网络开展教育的深度和广度。所以也可以通过开展专题讲座，提升教师基本的网络操作技能，教师要顺应时代、迎难而上，拓宽工作思路，提高信息素养，积极运用网络开展工作。如教师熟悉相关网络技术，针对其规律开展教学管理工作；以写微博、发朋友圈等方式熏陶感化学生；学会网络上受欢迎的网络语言、交流方式和热点话题，与同学进行交流讨论；还可以利用上网聊天等交流方式来引导学生，通过轻松的闲聊，来发表自己对特定事情的理性看法，结合现实生活中的典型案例，进行渗透，来引导学生学习；在与学生交流过程中，教师要认真观察，从互动中捕捉新的思想动态，实现引导和教育的目的。总之，随着网络技术的不断发展，只有教育者的专业技术水平不断提高，才能适应新时代的要求。第三，为增强网络文化的作用，推动其健康发展，高校应建立健全网络文化的相关组织和规章制度，创建一支有较高社会主义思想理论涵养、崇尚教学管理事业、了解网络技术的专业的高素质的高校网络文化评论员队伍。借助这些评论员广博的知识面，以及他们对事物有深刻独到看法的优点，在他们利用网络宣传高校文化的同时，在学生中推广社会主义核心价值观，以此帮助年轻一代树立符合主旋律的人生价值观念，使他们主动承担起历史赋予的使命感和对国家未来的责任感。

（8）网络新文化背景下重建新型的师生关系。

高校教育管理工作者首先应该正视和承认大学生的思想现状，收起指责、压制等消极的观念，更新教育态度，认识到在网络社会的今天，在浓烈的“文化反哺”现象下，年长一代在教育指导的同时，也需要向年轻一代学习如何进行网络文化的吸收与学习，使得高校“教”与“学”成为一个双向的渠道，让高校大学生管理和教学工作能够从容应对这样一个时代的挑战和机遇。

“90后”生活在相对自由、宽容、开放的社会环境中，从小就享受着人类文明所带来的先进成果，生活环境相对前几代人普遍优越许多，社会和家庭给予他们的关爱也较多。这些成长环境综合在一起就形成了“90后”鲜明的特点：没有责任心、忠诚度较低、合作力比较差、干事情纯凭兴趣、过于自信、情绪不稳定、以自我为中心、抗挫折能力较差、对自己的大学生活乃至人生没有规划、眼高手低等缺点；以及灵气足、创新能力强、信息获取能力强等优点。作为“新生代”的“90后”，他们自我意识强，有很强的自我表现欲望，希望也愿意在众多的学生中脱颖而出，这个是区别于以往大学生的主要心理特点。高校学生工作者应认可、利用他们的这种特点，以引导为主，做出相应的变革。高校学生工作者要实现由“管”向“导”的转变，树立“以人为本”的教育理念，在日常工作上要从“管理”渐渐趋向于“服务”，在服务中实施教育，在服务中进行管理。用“90后”的思维管理“90后”，不要寄希望于改变他们，而是顺应趋势、在意他们的沟通方式，了解他们的价值取向，把自己从对这些方面的坚持和抱怨的偏见中解放出来。利用“90后”对独立和自我的较高要求，促进他们进行自我管理。其中有效的激励手段之一就是让他们获得一些参与感，参与体现的就是一种认可，给予他们话语权，多给他们创造与领导、高层沟通的机会，多创造在组织内表现的机会。高校学生工作者应该尽可能地理解和包容学生所犯的错误，耐心倾听他们的心声，抓住其中的症结再加以引导，在交谈的过程中抓住他们有道理的一面给予认可，并鼓励学生正视缺点、发挥优势、克服困境，全力以赴地去实现心中的理想，树立正确的人生目标。要树立“一切为了学生，为了一切学生，为了学生的一切”的理念，想学生之所想，解学生之所惑，启学生之所能，与学生建立平等、和谐的师生关系，引导学生学习和成长。

随着“双新”时代的到来，教育环境的改变促使着高校学生管理工作也在做着相应的改变。在教育管理工作的创新尝试中，不少教育学家根据目前的教育市场特点引入互联网思维，提出以生为本突出个性化的管理理念，使教育管理平台变得更开放，更贴近社会需要。传统的高校学生管理工作，高校行政人员往往都是通过辅导员这一条渠道获得学生信息，或发布学校的管理决议。然而身处网络时代的“90后”，不论是信息获得还是人际交往都是通过互联网。而这种传统的管理方式导致了信息获取滞后、信息流通不畅等问题的发生，很多通知不能及时准确地传达。且学生对学校的管理工作没有反馈发言的渠道，他们的需求和主张不能得到积极回应，因此致使高校管理工作的目的和效果不能得到保证。其次,目前高校管理形式落后,难以吸引“90后”,学生参与学校管理实务只能被动领命执行,难以实现自我管理。转变固有管理模式,顺应时代和受众特点也是当前学生工作的重点。高校应该利用网络低成本、高效率的特点来促进学生工作,主动搭建网络平台,设置微信、微博等信息公布、沟通平台,从课程考试的安排到文献资料的查阅都可以通过互联网共享,拓展和占领网络新阵地,引导舆论和加强互动,增强大学生参与学校建设和自我管理的责任心,满足其渴望得到关注和认同的心理特点,也可以让高校学生管理工作变得丰富多彩。不过需要注意的是,互联网思维管理不是只搭建一些网络互动平台即可,它更侧重的是如何运用互联网思维中的跨界思维、用户思维等思维方式去重新思考教育管理。

“弟子不必不如师,师不必贤于弟子”,其核心内涵即两者为平等的互相学习体,而“文化反哺”正是我国这一传统教育思想的现代演绎。时代的发展和进步导致传统的师生关系必然发生变化,其深层次的原因就在于网络解构了传统的师生关系,使教师和学生的概念发生了质的变化。教师应当清楚地认识到新形势下师生关系的变化,重新定位新形势下的教师角色,进而对师生关系进行有效的调试。蔡元培先生“兼容并包,思想自由”的治学原则,仍可以用于今日这场解放教育思维固化的“战斗”中。互联网的发展与教学之间的关系不是替代,而是提升。更新教育思想,转变教育观念,借助网络不断优化自身的知识系统,以自身的人格魅力和学术的先进性使学生在潜移默化中对其形成自觉认同,才是教师在“双新”时代下的正解。

在新文化环境下,学生乃至整个社会对于教师职责的期许已经转变为越来越少地传递知识和越来越多地激励思考。基于社会信息环境和后现代教育发展的要求,教师应完善和提高自身的信息素养,了解信息技术的发展和趋势,辩证地认识信息技术对师生关系产生的影响。受网络思维影响,“90后”在学习习惯上更多的是采取“碎片化”学习,跨领域信息搜集能力强,但其局限是不能对知识信息进行系统分析解读。教师可以充分地利用互联网便捷功能,掌握学生思想和学习爱好的倾向,有目的地整理资源进行数据分析,适时地改变课程内容,不仅能弥补学生碎片化学习的弊端,同时也扩展了自身的教学手段和知识存储量;此外,教师对于信息应具有一定的处理能力,如对信息进行有效的加工、存储、管理以及利用,运用适当的工具和方式呈现信息、发表观点、交流思想、开展合作。并且教师要学会利用信息技术以及大数据的预测功能对学生的表现和特点进行科学精准的分析，使教学内容和手段能真正做到以学生为中心，理解满足学生的需求；在传统的自上而下的授课方式中，学生对教师的认识具有很大的局限性——教师只是一门课程的代表。但在新型师生关系中，教师不再对知识具有绝对的掌握，信息的开放让自上而下的传递式的师生关系也变得平等，教师适时地以“学习者”的身份出现，有利于教师自身真实的展示，从知识到涵养乃至性情对学生进行全方位地积极引导，让教育和教师更人性化，令技术无法替代；教师还应根据自己的职业特色与需求，掌握一定的信息资源开发能力，扭转教育理念，树立自己的教育品牌，使课程内容与自己的情感态度“紧密结合”，要以自身的人文品质、以自身的思想力感染学生、影响学生，教师将越来越倾向于成为一位顾问、一位交换意见的参与者、一位帮助发现矛盾而非拿出“现成真理”的人，懂得“亲其师，信其道”的意义，懂得学生选择的不是一门课，他们选择的是教师，是一种价值观。

在网络新媒体环境下，高校对大学文化的把控和发展难度越来越大，硬件和软件两个层面都需要去关注。网络新媒体作为信息传播的重要工具已被广泛运用于高校之中，与校园文化的发展结合日益紧密。校园网络在为当前大学校园文化的建设与发展提供了新的环境和良好机遇的同时，也给作为使用网络技术最广泛群体之一的大学生的价值观念、行为方式等带来一定的冲击，深刻影响着大学生的价值观念、思维方式、学习生活，在很多方面，并不利于现今大学校园文化的良性发展。总结网络环境下大学校园文化的特点及变化规律，明确网络环境下大学校园文化建设的重要意义，如何创新网络环境下大学校园文化的建设发展，将成为当今学界对大学文化研究的一个重点关注的问题。它对大学生的学习方式、生活习惯、道德品质、心理健康、人际交往等方面产生着潜移默化的影响。

网络媒体作为迅猛发展的科学技术，它是一把双刃剑。当我们陶醉在它给大学带来好的影响的时候，一定不能忽略了它消极影响的一面。面对网络环境带来的利与弊，国家、社会、学校、家庭都要承担起各自应负的职责，采取有效的手段尽可能地减少网络的负面影响，为大学生创造纯净的网络环境，让他们在这个网络时代健康成长。在这样的一个时机下，我们的大学对自身的文化建设需要重新审视。“一个国家、一个民族要有自己的文化，作为文化机构的大学更要有自己的文化。大学不仅是一种客观物质存在，更是一种文化存在和精神存在。”大学所具备的凝固性和创造性特点，其实就是对大学文化的传承和创新的体现，是大学的精髓。塑造把握大学文化是大学责无旁贷的使命，特别是在全球网络化的今天，在大学校园文化建设中，我们需要借势这场传播技术的革新，利用新旧媒体的融合对物质载体建设进行更新，提炼其精华，提升大学精神载体，推进新的校园文化生态建设，使我们的大学文化建设紧跟社会发展的潮流，打造出符合自身特色的文化，建设出世界级的大学。所以面对新的传播技术和文化，我们的大学既要保留我们自己的文化特点，也要提高自己的容忍度，兼容并包，推陈出新。

第五章　泛传播时代的大学校园文化与学生发展

一、泛传播时代大学校园文化的特征和机制发展

1. “泛传播时代”的到来

20世纪80年代，互联网的兴起引发了新闻传播领域的变革。比起报纸、广播、电视三大传统媒介，互联网能将丰富多彩的内容更广泛地传达给四面八方的受众，体现了生动性、及时性和形象性。如果说工业革命带来了报纸的繁荣，电子技术促进了广播、电视的发展，那么计算机多媒体技术则打开了网络时代的大门。一个以网络技术为基础的新闻传播时代来临，在这个时代，传播具有分散化、全景化、扩展化、自媒体化以及一体化的属性，因而称为“泛传播”。泛传播，是指以因特网平台为依托，通过超文本协议、超级链接、UTL等，对声音、画面、文字信息进行查询、分类，并建立搜索引擎，进行实时互动交流与沟通的新闻传播方式。简而言之，泛传播就是利用所有渠道、手段和途径，获得所有时间、空间的全部信息。[①]泛传播时代给人类的传播方式带来了变革，也彻底改变了人们的生活方式，对现代社会发展产生巨大影响。泛传播的“泛”有以下几个特征。

一是传播渠道分散。随着互联网和手机为代表、数字化技术为基础的新兴媒体的迅猛发展，它们以强大的多媒体与超文本特性提供着新闻传播、社交、视频与广播等业务，几乎融合了纸媒、广播电视、人际传播等传统媒介的所有属性。比如人们可以通过智能手机、平板电脑、台式机和笔记本电脑等渠道，

---

① 王心武．泛传播时代的新闻传播伦理道德构建［D］．重庆：西南政法大学，2011：18-20.

通过不同平台的网络应用软件获取新闻信息，并且可实现实时的人际互动，例如，发表评论、展开讨论等，这些远远超越了传统媒体所提供的服务，在时间和空间上得到无限的延展。

二是注意力分散。传媒经济也被称为注意力经济。由于传播渠道的日益分散，受众的注意力被分散在不同的时间和空间，碎片化日益加剧。现在人们阅读新闻的方式倾向于首先看新闻的题目是否感兴趣，不感兴趣的完全略过，感兴趣的信息也多以浏览为主，精细阅读的占少数。他们大多认为这样的阅读方式比较节省时间，在单位时间里可以获取更多的信息，殊不知这种“快餐式阅读”反而降低了阅读的深度，并未引发深入思考，重数量而轻质量，长此以往容易造成思维僵化、心态浮躁和人文精神的缺失。

三是传播主体泛化。在泛传播时代，传播者主导的传播方式被打破，受众不仅可以以信息传播客体存在，也可以自主选择渠道去发布信息成为传播者。例如，现在的自媒体人，他们接收着来自不同渠道传播的信息，同时也通过一些自媒体平台发布自己的信息为其他受众所接收，所以这样看来，其实每个人既是受众，也可以以传播者的姿态出现，这是传统媒介时代无法想象的情境。

2. 大学校园文化的演进及特征

在西方，文化一词源于拉丁语“cultura”和“cotera”，原义是指人类的“土地耕耘”和“身体精神护理”，可以看出，西方在文化的最初演变中就有了物质文化和精神文化的双重界定。马克思主义的文化观，给文化下了如下定义：文化是人类在社会历史发展过程中所创造的物质财富和精神财富的总和，是一定社会的经济和政治在观念形态上的反映，是人类社会历史发展的符号和产物。文化有广义的文化，也有狭义的文化。广义的文化是将人类社会生活的全部内容统统列为文化的定义域，包含物质文化、精神文化、制度文化等方面。狭义的文化主要是指社会的意识形态以及与之相适应的制度和组织结构，英国文化学家泰勒在其著作《原始文化》中提出了狭义的文化的早期经典学说。

社会在不断向前发展，随着人们物质水平的提高，人们的精神追求也在逐步提升，文化对社会的重要性也越来越凸显。高校承担着人才培养、科学研究、社会服务、文化传承、国际交流与合作的功能，大学校园文化建设直接关系到整个大学的竞争力和创造力，关系到每个学生成人成才和未来发展，也是国家建设社会主义文化强国的重要根基。社会物质生产发展的连续性，决定了文化的发展也具有连续性和社会继承性。那么，大学校园文化也不例外，具有社会性、继承性、多样性等特点。简单来说，大学校园文化就是在大学这个特定范围内，广大师生员工历经几代人的努力所创造、沉淀形成的物质财富和精神财富的总和。根据大学校园文化的属性，大学校园文化的演进机制必然受两方面因素的影响：一是社会文化变迁，二是大学校园文化本身的独特性和传承性。因此，大学校园文化的演进应该是在社会文化的变迁和校园文化自身发展的相互渗透和互动中发展变化的。我国现代高校校园文化变迁的三个阶段分别是高校校园文化的初创时期、高校校园文化的低谷时期和高校校园文化的恢复及全面发展时期。①

一般认为，自蔡元培 1917 年出任北京大学校长开始，我国的现代大学已经产生。我国大学校园文化的生成来源于中华民族优秀传统文化、西方文化中优秀成果以及中国共产党领导的新民主主义革命以来形成的社会主义先进文化。我国现代高校文化的初创时期，包含蔡元培主政北京大学到新中国成立后至“文化大革命”之前的社会主义建设初期。新中国成立前建立的大学，有着不同的发展定位和文化理念，它们创办以后，出现了一段时间自由学术繁荣期，也出现了一批大师级的泰斗，新文化运动也在这样的氛围中产生。抗战时期，自由与解放是这阶段大学文化的主题，社会主义文化也在大学文化中得到形成和发展。新中国成立初期，社会主义高校校园文化得到迅速发展，当时的高校里面洋溢着“一鼓作气搞建设、牺牲小我、奉献国家”的精神氛围。

“文化大革命”时期，高校校园文化进入低谷。1977 年恢复高考以后，邓小平同志强调要实现社会主义现代化，提倡“尊重知识，尊重人才”，指出科技是关键，教育是基础。高等教育开始进入正轨，“学习求知”成为那个时期高校校园文化的特点，大学生的主体意识增强，“发奋读书、立志成才、实现自我”是那个时期校园文化的主旋律。当“校园文化”的概念被正式提出后，各种学习沙龙、社团、刊物应运而生，辩论会、学术讲座、晚会、运动会蓬勃发展，大大丰富了师生的文化生活。

20 世纪 90 年代以后，改革开放不断深入，社会主义市场经济确立，知识经济兴起，随着我国社会经济的持续稳步发展，校园文化进入全面重建阶段。此

① 李小东．大学校园文化演进及优化路径研究——基于系统论的视角［D］．福州：福建农林大学，2013：33-36.

时的大学校园重新确立了积极向上的价值观念，校园里弥漫着求真求善求美的文化氛围，大学生努力学习，追求自我完善和自我价值的实现。至此大学校园文化成为一个复杂的文化系统，它的内容包含物质文化、精神文化、制度文化和行为文化四个方面。物质文化是一种以物质为形态的表层校园文化，主要是大学学习、生活、科研等需要的物质环境条件和物资设备，是整个校园文化的基础；精神文化是大学校园文化的核心，是指大学在发展中长期形成的一种办学理念和价值追求，是大学凝聚力和生命力的体现；制度文化是大学行为活动的准则和规范，对校园文化起到重要的导向和约束作用，是校园文化的中介，链接外在的物质文化、行为文化和内在的精神文化；行为文化主要是师生在教学、科研、交流、生活等活动中产生的文化，是大学校园文化最直接的外在表现，也反映了大学的人文精神、文化氛围、师生的价值观和风貌。①

信息网络时代来临之前，多媒体技术还很不成熟，当时的大学校园文化建设主要依靠传统媒体进行的，主要是校报、校园广播、电视、户外宣传等，直到现在，传统媒体依然在校园文化的建设和宣传中发挥着重要作用。总的来说，新媒体时代来临以前大学校园文化有以下特征或表现：一是由于经济的快速发展，党和国家大力支持和发展教育，大学校园文化的物质条件较以往得到了极大改善，物资设施配备更加齐全，文化传播载体更加丰富；二是大学校园文化活动多种多样，有社团满足学生兴趣和特长的培养，有学术沙龙、讲座、辩论等提高学生学习水平、增强师生间沟通和思想碰撞，有体育活动锻炼身体、培养学生集体主义精神和竞争意识，有文娱活动丰富学生业余生活、陶冶性情，总的来说，让大学生活更加充实，提高了学生综合素质；三是由于思想的解放，大学的政治气氛宽松，学术自由深入人心。大学生喜欢接收新鲜事物和思想，也更能自主表达自己的观点，思想交流频繁、人际关系和谐的情况下，优秀校园文化更容易通过人与人之间的交往来传递，最终形成好的学风、班风、校风。

3. 泛传播时代的大学校园文化

《中国普通高等学校德育大纲》中指出，“校园文化建设应加强广播、影视、报栏、专刊等宣传舆论阵地的建设和管理，丰富精神生活，发挥正确的舆论导向和宣传教育作用；充分利用和发挥社会主义文化设施和大众传媒对德育的

① 侯长林．校园文化略论［M］．贵阳：贵州教育出版社，1991：48.

积极作用”。大学校园媒体是大学校园文化的传播者，是高校意识形态领域的重要阵地，是加强高校思想政治教育的主战场，在宣传学校政策新闻、传递信息、培养学生文化涵养等方面有着重大意义，对大学校园的建设发展起到保驾护航的作用。但是，情况并不总是那么乐观，传统校园媒体如校报、广播、电视新闻等作为校园传播信息的主要渠道，虽然在大学校园里活跃了若干年的时间，随着科技的进步和人们获取信息渠道的增加，表现出了与社会发展不同步的诸多弊端。例如，时效性问题，一条社会新闻通过校园媒体来报道，都需要经过首先接收、再重新编辑、然后印刷或者找特定时间才能呈现出来，在时间上存在着滞后性，大学生可能已经通过社会大众传媒获取到了相关信息；而从传播内容来看，大学校园媒体传播内容多是报道学校的各类会议、领导活动、各部门工作成果等，经常是紧跟“上面”，反映的多是学校层面的大事要闻，很少有来自基层群众的内容，缺乏与学生学习、生活相关的信息，而校园媒体的受众却往往是学生，长此以往，学生会觉得学校新闻离自己很远，渐渐地失去了对校报、电视台、广播的兴趣，校园媒体也会很快失去其主要收视群体，造成无人问津的尴尬局面；人才欠缺也是大学校园媒体普遍存在的问题，大学校园媒体的主力军是在校学生，很多不是专业搞新闻、传媒的，一般没有相关经验，都是依靠上一届的学长通过传授工作方法和带动新成员实践的方式培养的，很多成员的能力好不容易才培养起来，可是由于换届或者个人时间协调的问题不得不离开，而刚换届上来的学弟、学妹能力往往参差不齐，造成新闻总体质量的不稳定；此外，不少高校的报纸、广播、电视台分属不同的行政管理部门，有自己的运作模式，在工作中相对独立，媒体与媒体之间缺乏沟通和互动，出现新闻重复报道或新闻遗漏的现象，直接造成学校人力、物力、财力的浪费，不利于形成宣传教育合力，降低了校园媒体在师生中的公信力和地位。可以看出，传统校园媒体的弊端需要克服，面对信息高速发展的新形势，着实需要一些新的、贴近受众生活的媒介、途径来传播校园文化，反映当代大学生精神风貌，引领学生思想潮流，从而促进高校思想政治教育和校园文化建设。

媒体是人们进行信息交流与沟通的重要渠道，随着生产力的发展和社会的变革，媒体在形式和介质上都发生了巨大的变化。第三次工业革命催生了信息技术，而信息技术的高速发展创生了新媒体。在泛传播时代，新媒体是信息传播的重要渠道。根据清华大学熊澄宇教授的概念，“新媒体”是建立在计算机信息处理技术和互联网基础上的发挥传播功能的媒介总和，它具有除了报纸、电视、电台等传统媒体功能之外的新特征，即交互、即时、延展和融合。学术界将新媒体分为三大类型：互联网新媒体、以手机为接收终端的新媒体以及以数字电视为基础的新媒体。随着互联网的普及，新媒体走进大学，因其及时和信息量大等优势，深受师生的接受和认可。在大学校园存在的新媒体主要包括校园网站、校园论坛、QQ 群、微信公众平台、微博等，也通过这些新媒体传播和体现着校园文化。[①]

校园网站是基于学校建立的校园官方网络平台，是网络上学校的形象代表，承载着新闻传播、对外宣传、教育管理等基本任务，校园网可以理解为学校教学、科研、管理提供资源共享、信息交流和协同工作的计算机网络系统，是各个学校最重要的网络媒体。除校园新闻外，还有介绍学校的组织机构、校园文化以及相关链接，如图书馆、教务系统、学工在线、招生就业等板块。校园网致力于建设一个师生学习交流的平台，教师可以利用校园网络课程资源库丰富课堂教学内容，学生可以利用远程学习然后线上和老师进行交流答疑。总之，学校建立校园网是为了更好地服务于师生，同时调动师生积极性，主动参与管理和自我监督，更好地推进校园文化建设。

校园论坛是我们常说的 BBS，是高校非官方的信息集合地，在这里，学生可以获得网络空间，发表自己对社会和事物的看法。可以接触到平时难以接触的信息，也有最新的新闻事实。论坛会根据学生的兴趣爱好分为很多个板块，学生可根据自己的需要加入进去，在里面交流思想、收获人际关系、抒发情感。BBS 是校园网络舆论的重要起源地之一，由于其平等性和隐匿性的特点已成为最真实的网络交流平台，“沙发”“水军”“顶”等网络热词也来源于此。当然，作为高校本身，需做好网络舆论监督工作，防止一些不健康的、消极的、非主流的思想言论占领了论坛的高地，造成学生思想的动荡和论坛环境的污染，不利于高校管理和思想政治教育工作的开展。

QQ 和微信都属于即时通信工具的一种，即时通信是指能够即时发送和接收互联网消息等的业务。即时通信自 1998 年面世以来，发展十分迅速，现已不再只是一个单纯的聊天工具，已经发展成集交流、资讯、娱乐、电子商务、办公协作和企业服务等为一体的综合化信息平台。特别是随着智能手机的普及，

---

① 胡晶晶．新媒体下高校校园文化创新研究［D］．芜湖：安徽工程大学，2013：43-44.

QQ 和微信也成为师生最为普遍运用的交流工具。例如，新班级由班长或辅导员建立一个 QQ 群或微信群，将本班同学拉进来，方便传达信息和通知，还可以上传共享班级文件，同学和教师之间也可以随意交流，拉近师生距离。通过微信和 QQ 还有朋友圈、公众平台和个人空间等，大家可以将信息、美文、图片、视频、心情、推荐等一一呈现出来，供他人观赏学习，教师还可以通过学生的个性签名侧面了解其思想和心理动态，对异常学生起到很好的发现作用。

泛传播时代的新媒体是在传统媒体的基础上结合时代的变迁和技术的进步发展和延伸起来的，因其即时、便利、多元、动态等特点在大学生中接受度高，充实和丰富了大学校园文化的传播途径和内容，使得大学校园文化呈现多元性、开放性的特点①。多元性是指新媒体呈现出不同种类的共存文明，包括民族文明和地域文明，也包括东西方文明之间的交融和碰撞，大学生能接受到中国传统民族民俗文化的影响，也将受到西方文化如个人主义、自由主义、享乐主义、拜金主义等影响，这对正处于人生观、世界观、价值观形成期的大学生来说，必将导致其价值观的多样性和思维方法的多元性。由于社会经验欠缺、缺乏理性的思考和判断，有些学生迷失方向，误入歧途。比如在考试中为获得好的成绩选择不择手段、不够诚信；为了自身功利性目的广交朋友，却不懂得真心待人、虚情假意。一些垃圾信息、不良信息甚至反动信息流进校园，校园主流文化受到冲击。因此，维护校园文化的正确导向作用，对学生多元的价值观念和思维进行引导是泛传播时代校园文化的重要部分。开放性特点是指新媒体传播完全打破了传统的物理空间的概念，网络信息的传播实现了无障碍化，逐渐实现网络的低成本全球化传播，为校园文化提供了一个开放的环境接受不同文化、地域的信息，同时也将校园自身的文化传播到四面八方，对其他环境施加影响，像目前有一种观点叫"大学文化滋养城市发展"就是这个意思。当然，大学校园文化的开放性、多元化发展，使得高校教育模式转型成为校园文化建设的重要特征。在教育模式转型的过程中，学校的人才培养目标、办学模式、课程安排、授课形式等都要进行调整，这对高校管理机构及教师的思想、知识和技能提出新的要求。校园文化主体结构发生改变，参与主体更加广泛，校园文化的发展需要依靠学校各部门的分工合作，也要通过师生的积极配合，采取积极有效的建设措施，避免不良信息和文化的侵蚀，才能逐渐完善学校的校园文化建设。

---

① 陈辉．浅析新媒体环境下大学校园文化的新特点及对策［J］．科技视界，2015（8）：120-121.

泛传播时代特点里一定会提到一个词：虚拟化。目前，校园文化主体大学生向虚拟化方向发展。手机、互联网打破了时间和空间的距离，出现了拇指文化，拉近了学生之间联系的纽带。学生们利用多媒体技术在网上获取大量信息，聊天软件也为他们提供了多个沟通平台，他们之间可以打字、可以语音、可以视频交流，即使是相隔千山万水也可以快速完成信息传递，一个超越时间和空间的虚拟世界被建构起来。此外，网络虚拟技术、虚拟教育模式也在高校教育中得到推广，丰富了教育课堂、带来了新的变革。① 例如，2016 年由华中师范大学和华中科技大学教师团队基于微信平台推出的一款课堂互动轻应用工具“微助教”，是利用手机和信息化手段，帮助教师搭起一个智慧课堂，该应用提供课堂签到、课堂测试、课堂讨论等多种互动功能，以游戏化思维鼓励学生积极参与课堂互动，以便捷操作鼓励教师积极开展教学实践与创新，化繁为简，对症下药，提高教学效率。可以看出，随着网络教育的深入，师生不再能满足传统单一的课堂教学模式，而是需要一种新型的实用性强的基于虚拟科技的校园文化体系，未来校园文化的发展，也势必会将虚拟教育作为建设的主要模式。大学校园文化可分为显性校园文化和隐性校园文化两个部分。隐性文化是客观存在于大学校园文化里的，潜移默化地对大学生全面发展产生影响的因素，包含校风班风学风、教师师德、学生品德，师生关系以及学校管理理念、大学精神等。时代性和引领性是大学校园文化的特征，泛传播时代新媒体技术不断渗入到大学校园文化建设中，特别是对隐性文化的促进很大，隐性文化在校园文化发展中的引导地位也逐渐凸显，逐渐改变着校园文化建设者的思维方式、实践方式，也改变着校园文化主体大学生的意识、行为和沟通交往模式。

新媒体的主要特点之一就是快，新媒体的快速和便利的特点非常符合当下都市人快节奏的生活方式，为他们生活提供方便，大学生群体也是受益的主要群体。在都市快餐文化盛行的今天，年轻人喜欢图个新、异、快，渴望着新鲜事物和技术对他们感官的刺激。例如，想吃饭、想购物，大学生可以不用出门，利用手机 APP 轻松下单，热腾腾的饭菜可以送到寝室门口，不用逛街浪费体力，点点手机可以买到心仪的物品送到学校。新媒体正是契合了大学生希望随时随地感受新鲜和便捷的内在需求，成为校园文化生活中必不可少的生活要素。而且由于信息传播的多样性，学生可以通过任何终端接收和发送信息，

---

① 任晓菲．大众传媒视域下大学校园文化建设研究［D］．保定：河北农业大学，2013：12.

充分展示自我，发扬个性，不需要深思熟虑，不需要华丽的辞藻和复杂的内容，只要对方可以理解的简洁的言语即可。目前新媒体已经成为学生沟通交流、减压、娱乐和共享的重要渠道。

4. 泛传播时代大学校园文化的机制发展

“机制”一词最早起源于希腊文，在不同学科和领域有不同的定义和理解角度，拿人文和社会科学领域来说，机制是指各领域内，特定对象整体的各个机构和要素之间相互联结相互制约的方式及依据特定目标实现整体功能的方式。把“机制”一词引入大学文化研究领域，目的是为了从大学校园文化产生、发展和作用出发，探索大学校园文化的基本规律，是指大学校园文化各组成要素之间构成方式、作用方式及由此产生的大学校园文化活动整体的运行方式，和校园文化活动的组织领导者对文化活动运行的有效调节方式的总称。以下是几个研究较多、成果较丰富的大学校园文化机制。

一是大学校园文化运行机制。健全校园文化运行机制，是根据校园文化运行过程中的特点和规律，构建起大学校园文化发生发展的启动、传播、调控系统，使大学校园运行更加协调有效，从而实现其育人的目的。校园文化运行机制是构建和谐校园的关键因素，其中包括动力机制、生成机制、传播机制、创新机制等方面。[①] 高校校园文化有其独特的动力机制，其动力系统是由校园文化发展与社会政治、经济、文化、生活等多因素紧密联系构成的，其动力机制必须要根据校园文化运行过程中各个内部要素之间的特点和规律来构建。校园文化的生成机制是由校园文化的构成要素排列组合或相互整合而来，校园文化的组成要素如物质文化、精神文化、制度文化呈现一种由浅及深、由外到内的排列组合形态。校园文化系统的运行需要相应的传播机制来维持，大学校园文化传播主要是通过校园活动向校内和社会两个渠道来进行，除学校的宣传部门外，校报、校刊、广播台、网站、论坛、公众平台也是校园文化传播的重要途径。大学校园文化也需要不断创新发展，结合时代特点和我国高等教育的发展趋势，进一步创新探索适合高校教育管理和大学校园文化的发展措施和途径，将创新机制从大学校园文化创新发展过程中逐渐建立和完善起来。

二是校园文化建设机制。大学校园文化建设机制是大学领导者、组织者、

---

① 明月．大学校园文化机制及建构研究［D］．武汉：华中师范大学，2011：33.

校园文化传播者主观能动性的反映，建设机制的构建是对大学校园文化主体力量、文化资源、资金投入及组织管理方式、工作与活动流程不断优化与科学再造的过程，是促进校园文化健康发展的重要因素，需要通过多样化发展与主导性引领相互协调、人文精神与科学精神相结合、软件建设和硬件建设相互促进、传统媒体和新媒体相互融合、继承传统与创新发展相互统一等方式来促进校园文化健康、有序传播和运行，确保高校育人目标的实现。

三是校园文化保障机制。大学校园文化建设能顺利开展，要营造起良好的校园文化氛围和积极的校园文化传播局面，必须要建立健全校园文化保障体制，获得物质、政策、制度等方面的支持，校园文化保障机制应包含物质保障机制、制度保障机制、队伍保障机制和心理保障机制四个方面。① 也就是说，除人力、物力、财力的保障外，高校需要加强师资队伍建设，以教师文化素质的提高带动整个校园文化氛围的提高，形成全员共同构建和谐校园文化的局面。需要加强学生心理健康教育，用阳光、正面的情绪去感受校园文化所带来的积极、充满正能量的育人氛围。还要加强制度建设，高校应根据教育方针和教育法规，坚持以人为本与教育管理相结合的原则，将校园文化建设纳入高校教育教学体系、管理机制、激励机制和竞争机制中去，为培养适应社会主义市场经济建设和社会发展需要的合格人才的教育目标服务。

泛传播时代新媒体正以锐不可当的势头进入人们的生活，进入高等教育的各个领域，它不仅给教师和学生们带来了所需的海量的信息资源，也加深了师生对手机、电脑等媒体上的网络信息的依赖。新媒体改变着高校传统的信息传播渠道，也推动了大学文化的传承和创新，进而影响着大学文化机制的发展。新媒体的重要性我们能意识到，但是也应看到在传承大学文化发展方面存在着一些困境。例如，高校对现有媒体系统化管理机制还存在缺失，高校宣传部门、团委、信息中心仍然是对外宣传的核心，宣传形式较单一，力度不够，受众的规模有限，虽然目前新旧媒体都能运用得当，但是媒体间缺乏有效的合作机制，学校缺乏对新媒体、新技术手段的优势的挖掘和把握，没有形成新旧媒体相互作用、相互补充的体系，使得很多信息在不同平台重复传播，导致师生对大学文化的热情和关注度递减。而且，高校运用新媒体传播校园文化的愿望日益强烈，但是新媒体的开放性使得一些未被过滤的虚假消极信息传到

① 万美容，等．大学校园文化机制及其建构研究综述［J］．思想政治教育研究，2010（5）：20.

网上。高校新媒体管理人员普遍整体素养不高，缺乏有效拦截负面信息的能力，于是很多高校管理者因为担心信息安全索性对新媒体手段望而却步，或者持观望态度，延缓了高校运用新媒体进行校园文化建设的探索进程，并没有真正地顺应泛传播时代的要求，将新媒体的优势性淋漓尽致地发挥出来为大学文化机制的发展服务好。

泛传播时代让大学文化的传承与发展有了更多的契机，需要克服上述种种问题，有效利用新媒体不断提升高校校园文化建设的效率，可以从以下几个方面入手①：首先需要转变观念，重视新媒体给我们带来的诸多好处及在满足师生需求方面的优势，用开放的心态去接纳，但是也应增强应变能力，随时监测和防止新媒体带来的种种弊端，扬长避短；二是加强校园新媒体基础设施建设。高校应投入资金、人力、物力改善校园网络硬件设施，校园网站、公众平台也需要有更多的改版，努力形成可互动的新媒体服务模式，将新媒体的建设深入师生的学习生活各个环节中去；三是创新新媒体运行机制，建立系统化的新媒体管理体系，加强新媒体工作人员队伍建设，提高校园新媒体管理人员的综合素质。新媒体管理人员的队伍建设可在学校党委的领导下，由宣传部、网络中心等大学文化引领部门择优选拔出能熟练掌握新媒体技术又在校园文化建设中颇有建树的教师作为骨干力量，并在全校范围内招募有此兴趣爱好和特长的学生志愿者充实新媒体工作人员队伍。建立起队伍以后，还需要开展一系列专业培训课程来提升工作队伍的综合素质，提升他们运用新媒体传播优秀大学文化的素养，以期在大学文化的传承和创新上做出更多的贡献，促进大学文化各机制的建设和发展。

二、大学校园中手机文化的形成和发展

1. 手机文化——伴随新媒介方式产生的文化新样态

手机，毋庸置疑成为21世纪以来影响人类社会生活最为广泛和深刻的工具之一。从“砖机大哥大”到智能机型，从仅能通话、短信到集新闻、社交、游戏、拍照、视频、搜索、购物等于一身的新媒介方式，随着越来越多的电脑上网应用软件被移植到手机上，以前需要坐在电脑前上网才能使用的东西，现在手

① 李勇，等．新媒体时代大学文化的传承与创新［J］．现代教育管理，2014（5）：34-37.

机应用上也是一应俱全。于是，手机成为我们生活中的好帮手和好朋友，更有甚者，对于年轻人来说，手机俨然成为他们身上长出的一个“新器官”。有数据表明，2016 年，中国城市手机覆盖率已超 97%，72%的中国城市消费者都拥有智能手机，手机对我们的文化也产生了极大的影响。这时，手机已不仅是新技术的媒体，更是一种新媒体文化形式。

关于“手机文化”的提法，对中国期刊全文数据库进行检索，发现最早的文章是出现在 1999 年。这是一篇关于手机广告的文章，是浙江华林广告有限公司的《设计本土化 语言国际化——〈东方通信 EC528 手机系列广告〉创意过程谈》。在该文章内，第一次将手机广告与文化联系起来。“事实证明，手机一旦和文化相结合，就具有了无穷的生命力。”①之后，关于手机文化的研究几乎处于无人问津的状态，直至 2002 年以后，随着手机数量的急剧增加，手机文化又引起了人们的关注。在众多的文章中，人们开始和一直关注的更多的是拇指文化（短信文化）。刘朝在他的《谁来打造中国的手指文化》中提到日本的“多科莫”，提到“手指文化实际是一种利用手机上网、闲聊、发邮件、听音乐、玩游戏、约会、卖股票等生活方式”。2006 年，在张迪良、汪韬阳的《拓展思想政治教育工作的新领域——由手机文化引起的思考》一文中，提出了手机文化的概念。他们指出：“所谓手机文化，是指以现代信息技术、计算机技术、数码技术、材料技术为技术基础，包括短信、彩信、彩铃、手机文学、手机电影、手机电视、手机电台、手机广告、手机报等为主要表现形式的文化。”②手机文化包括的内容很多，既有按移动增值业务种类划分的拇指文化、彩铃文化、手机上网等，也有按照文化产业细分市场划分的手机报纸、手机文学、手机音乐、手机电影、手机电视、手机电台等，还有按照手机功能划分的手机拍照、手机游戏、手机 GPS 导航等，另外和手机使用相关的手机礼仪、饰品文化也逐渐走进人们的视线。③总的来说，手机文化有如下内涵。

（1）拇指文化。

短信是手机最基本的功能之一。世界上第一条短信于 1992 年在英国发送

---

① 浙江华林广告有限公司．设计本土化 语言国际化——《东方通信 EC528 手机系列广告》创意过程谈［J］．广告大观（综合版），1999（11）：27.

② 张迪良，汪韬阳．拓展思想政治教育工作的新领域——由手机文化引起的思考［J］．思想政治教育研究，2006（5）：66.

③ 田丽．手机文化对初中生的影响及教育对策［D］．济南：山东师范大学，2008：21-22.

成功。通过短信进行交流，成为众多手机使用者选择的沟通方式。这种生活方式逐渐演变成为一种文化现象，即短信文化。目前的短信可以基于手机本身发送，也可以依靠社交应用如微信、QQ 等传递信息。短信便捷、价格低廉、时效性强，是人们正常交流方式的有效补充，同时它还具有获取信息、休闲娱乐、缓解压力的功能，所以其文化功能不可小视。短信文化具有平民性、通俗性、广泛性、随意性、及时性、简捷性、互动性等新特征。

（2）资讯文化。

手机上网让用户快速、方便地浏览互联网文字、图片、视频等精彩内容，是网络文化在手机中的延伸。随着手机上网速度的加快、手机性能的不断完善，使用手机上网的人数也大幅增加。手机报是在手机用户数量高速增长条件下诞生的一种新媒体形式，具有“短平快”的特点，它将报纸的直观、便携、可读性强的特点与互联网的优势有机结合起来，既符合传统报纸读者的阅读习惯，又增强了信息的时效性和丰富性。简单地说，手机报是以报纸的面孔、网络的容量、手机的方便快捷和广播电视的传播速度向受众传达信息的，成为人们关注的新亮点。

（3）铃声文化。

彩铃和铃声构成了手机的铃声文化。如今，当你拨打一个人的手机，听到的多是时下流行的歌曲或幽默的段子、音频，等待的过程不再显得漫长和无聊。这些悦耳的铃音被人们称为彩铃。前些年，大多数手机用户将原先刺耳的来电提示音用自己喜欢的歌曲或音乐加以代替，更有人自己制作铃声以彰显个性，但近年来，随着高端手机的普及，人们反而又趋向于选择原手机自带的，能体现某些品牌手机独有的铃声以彰显身份。

（4）影音文化。

目前智能手机自带的拍照功能，可以媲美一部普通的相机，使人们能随时随地将美好的事物和精彩的瞬间记录下来，多了一双发现美的眼睛，多了一个留住回忆的机会。视频通话的功能已经完全实现，成为手机文化推崇者追捧的热门。随着手机触角的不断延伸，影视这一最普及的大众娱乐形式也在手机中得到全新演绎。不管你在哪里，点开手机网络你就可以欣赏到与电视、电脑网络同步的视频、音频，还可以将自己生活的场景、所想所感、技能特长用自媒体的方式上传至网络呈现于世人面前，极大地丰富了人们的业余生活。

（5）饰品文化。

饰品文化体现了手机文化的趣味性和个性化。拥有手机是一种时尚，拥有一部具有精致饰品的手机也会令他人刮目相看。炫目的手机后盖、精致的外套与挂绳、叮当作响的挂件、五颜六色的贴纸等让手机与潮流联系在一起，无不成为年轻人追逐的目标。饰品因手机而存在，手机因饰品变得更加时尚。饰品是促进手机流行并蔚然成风的一个关键性因素。

（6）礼仪文化。

中国自古是礼仪之邦。但随着手机的出现和迅速普及，古老而传统的礼仪变得脆弱。比如，人们还没有习惯在一些场合自觉关闭自己的手机或将其调成静音，还没有习惯在一些公共场合减少“手机吼叫”的状况等。文明现代人有必要了解手机礼仪文化，公共场合注意自己的行为，尽量减少他人反感，力争做一个有修养的人。

2.“象牙塔”中的手机文化

说起大学校园里的手机文化，不得不提到一个新词：“低头族”。“世界上最遥远的距离，不是生与死，而是我站在你面前，你却在低头玩手机”——这是网络上红极一时的名言，道出了大学校园里低头一族的生活写照。在校园里，“低头族”随处可见，教室、食堂、图书馆、寝室、操场、走廊……只见他们一心盯着手机屏幕，迅速拨动指尖，时而癫狂地哈哈大笑，时而冷静沉思不发出一点声响，仿佛外界的一切尘缘俗事都与他无关。也许他在了解着世界的最新资讯，而更多的人，只是在打发着无聊的碎片化时间，打游戏、看视频、浏览微博、刷朋友圈等，并未获得多少真正有价值的信息。

大学文化是以大学为载体的文化，是在大学校园这一特定地域上由大学人创造的一种独特的文化形态。复旦大学严峰教授指出大学文化是大学在长期办学过程中经过历史沉淀逐步形成的办学理念、精神面貌、学术氛围、规章制度、价值标准、学生风格、学校环境等物质成果和精神成果的总和。[①] 大学文化反映着大学的教育水平，也影响着学生的思想和行为方式。现在手机媒体作为大学文化传递的新载体，是大学生获取资讯、沟通交流、休闲娱乐的重要工具，已经融入大学文化建设中去，渐渐形成具有独特优势的为学生所喜闻乐

① 陈少锋，李月云．手机媒体在大学文化建设中的作用及发展构想 [J]．普洱学院学报，2014（5）：32-35.

见的大学手机文化。

大学手机文化是指大学生在使用手机过程中形成的思想、理念、意识以及由这个群体的整体意识所折射出来的一切行为、风俗、习惯活动等。如大学生群体在使用手机过程中形成的各种观念以及由此形成的交流方式、学习方式、相关规范制度等。在大学生中流行的手机文化表现为手机短信、手机文学、手机QQ、手机微信、手机资讯、手机视频、手机游戏等。大学手机文化的形成主要涉及三个因素，即主体因素、媒介因素和信息因素[①]，也正是这三个因素的共同作用决定了大学手机文化的特点：一是主体及所处环境。高校学生思维活泼，乐于接收新鲜事物，拥有较高的知识水平和学习能力，同时高校社团居多、群体性活动居多的现实使高校手机文化具有明显的组织传播的特点。二是来源于媒介本身的特性。手机作为一种传播媒介，其媒介特性主要表现为移动性、隐匿性、智能化和多媒体化等，它能够满足人们随时随地进行交流、娱乐、学习的需要。三是媒介传播的信息因素。手机与互联网的结合，使手机具有一部分电脑网络的特点，但比电脑方便携带，获取信息的数量增加、时效性增强。手机与网络的结合拓展了高校学生所能接触到的内容的范围，从而使手机传播的内容具有了网络内容的丰富性，也使得手机文化具有更大的影响力。大学手机文化的产生与当今时代背景和社会发展密不可分，既是信息技术高速发展的反映，也是人们社会交流需求更高的表现，从本质上来说是一种大众的、青年的、亚媒介文化。

随着手机使用人数的增加和手机上网的普及，手机文化的实质就是大众文化。手机文化几乎具备大众文化的所有特点。如通俗性，手机文化不是特定阶层的特享文化，而是属于普罗大众的“一般人”文化；如流行性，手机文化是一种时尚的、追寻潮流的文化，变化是它的特点，无论从文化的内容还是手机本身外观的元素，无不体现出当今社会的热点、爆发点；如娱乐性，无论手机文化的内容结局是喜还是悲，手机文化所承担的，总是广义上地追寻愉悦效果，使公众的阅读、休闲、购物等愿望获得满足。

那么大学手机文化为什么会受到那么多年轻人的青睐，在大学生的学习、生活、思想、行为方式上产生深远影响，甚至对高校课堂文化、师生关系及思想政治教育等提出挑战呢？大学手机文化的典型特征有哪些？

一是贴身娱乐性。在如今快节奏的生活下，大学生除了获取海量感兴趣

---

① 庄伟．高校手机文化的形成因素与特点［J］．新闻爱好者，2010（6）：113-114.

的信息外，对社会潮流、缓解学习生活压力的娱乐消遣比较重视，智能手机的多程序处理能力可以满足大学生聊天、拍照、看新闻、玩游戏等多种娱乐方式同时进行，特别是看视频和玩游戏，手机应用软件上的游戏琳琅满目，各视频网站分门别类地罗列了大学生喜欢的各种电影、电视剧、综艺、自拍等，满足学生随时随地娱乐的需要。

二是虚拟群体性。传统社会关系的建立必须要依靠实际的、面对面的接触和交流，但是手机文化所构成的社会关系中，还包括了很多未直接接触而形成的社会关系。如在社区认识的网友，在手机游戏里临时组建的团队，有些人甚至从未谋面，但他们一直通过手机网络保持着这份虚拟的关系，在这份关系中他们并不是游离地存在，而是根据兴趣、地域、需要等结成一种隐性的同盟。这种虚拟的群体生活正在成为当下大学生主要的群体生活方式。这也能很好解释为什么有些学生在网络上积极热情、而在现实生活中却冷漠内向，因为他早已经习惯了这样虚拟的群体方式，在现实中反而无法放开自己。

三是个性自主性。现在的青年思维活跃、思想成熟，需要有展示自己的平台，需要求新求异求发展，具有强烈的表现欲望。他们会选择有个性的手机外壳和饰物，追求当下流行的手机铃声和网络语言，利用手机的拍照、录像、录音功能记录并在网络上发布自己精彩的作品和生活瞬间。现在自媒体比较盛行，通过手机网上晒自拍的学生比比皆是。例如，有学生在直播平台表演自己艺术上的一技之长，还有学生没什么特长，几个人相互调侃、表演胡吃海喝也能收获很多的点赞和粉丝，甚至能通过粉丝支持的热度获得一些经济上的报酬，当然这种影响是积极的还是消极的见仁见智。总之只要你有能力，有创意，手机网络都能让你在大众面前很好地展现自己，只要你愿意这么做的话。

四是情感倾诉的隐匿性。大学生正值豆蔻年华，也正是情感丰富、情绪不稳定的时期，这些情感不仅包含爱情，还有来自父母、师生、朋友、同学之间的矛盾及学习、生活、职业生涯规划等方面的压力。如此多情感上的压力需要有宣泄的出口，传统的电话、书信等方式，不仅互动性差、时效性不强，甚至保密性也不强。而如今手机在大学生中的普及使其自然而然成为最佳倾诉的工具。更为重要的是手机的移动便携性使其成为完全私密化的交流工具，并且手机聊天软件更加经济实惠，正好满足了大学生情感交流的隐私性需要，还节省了交流的费用，从而也使高校的手机文化体现出具有隐匿性的浓重的情感倾诉的功能。

科技在进步，大学课堂越来越走进现代化，课堂教学也越来越出现多元化趋势。人们对传统课堂的印象还停留在一支粉笔、一根教鞭、一本讲义，教师在上面严肃地守卫着三尺讲台，学生们在下面仔细地听着并记着笔记。而现在的大学课堂基本都配备了多媒体，教师通过操纵计算机，借助投影和指示笔，将自己的讲义用 PPT、iebook、Word 等软件有形、有声地呈现出来。同时学生面前也不仅是书、笔记本和笔，还增加了科技含量很高的学习工具，如电脑、手机、电子词典、录音笔等，这些装备里面最为普遍的当属手机，因为目前的智能手机可以说是一部联网的微型计算机，功能强大，携带方便。可是问题来了，现在的大学课堂已经在原来的基础上有很大的改观，可是学生在下面坐着，很多人却抱起了手机不撒手，老师提问题，下面鸦雀无声，一片沉默，课堂还时不时地被突然的手机铃声打破，甚至有学生耳朵插上耳机在看视频，出现了很多课堂违纪现象，对教师的劳动可以说是极为不尊重。

现在的课堂是越来越难以吸引学生的目光，用网络上的话说就是“传媒夺走了教育的职能”。因此不少教师表示担忧，很多学生不再认真听讲，功课得过且过，教师的权威地位也有所下滑。那么手机哪儿来那么大魅力，手机文化与课堂文化对比如何，让我们来分析一下①：首先，从传播空间来看，课堂文化传播往往局限在一个几十平方米的教室里，而手机文化传播的空间更为宽泛。课堂是严肃的、紧张的、不能自主选择的，而手机是自主的、开阔自如的、轻松的，于是这种“天高任鸟飞，海阔凭鱼跃”的自由冲浪式的手机文化传播对学生来说更具有诱惑力。其次，从互动性来看，长期以来的课堂传统决定了教师在课堂文化传播中的主导地位，话语权主要掌握在教师一方，学生处于相对被动的一方。而在手机文化传播中，学生则化被动为主动，在与手机人机互动的综合性传播活动当中，学生是一个主动的信息的搜寻者。第三，从获取信息上看，课堂文化传播的内容由于受教学计划和教学课时的限制，基本局限于一门课程范围以内，信息量很有限，而且很多教材和知识已经有些落后。手机文化传播内容则更为丰富，信息是海量的，更新是迅速的。特别是随着智能手机的出现，其功能更加强大，更为人性化。第四，从传播依靠的媒介看，课堂文化传播基本上凭借教师本人和依靠的多媒体影音设备，文化传播的吸引力寄托在教师本人的教法、人格魅力及课件制作的质量上，而这些方面往往无法控制，有些教师的课堂即使没有任何辅助设备也是人头攒动，而有些教师课件制作

① 谭成兵．手机媒体文化传播对课堂文化传播的冲击及应对之策 [J]．剑南文学（经典教苑），2013（8）：253-254.

再精良，讲不出道理依旧会被学生所忽视。

从上述的分析可以看出，手机文化确实具有特定的优势，手机文化与课堂文化之间的博弈，必将对课堂文化传播产生不小的冲击。那么课堂文化该如何接招，让学生迷恋手机的注意力重新回到课堂上来？我们首先要清楚手机文化本身不具备主动传播的功能，是学生根据自己的喜好来选择的，在提供的海量信息中，学生容易造成选择性的迷失，所以他们在关注信息时，很有可能是“脚踩西瓜皮，滑到哪里是哪里”，最后变得轻重不分，荒废时间和精力。而课堂是个局限的环境，涉及的内容也是特定的，并且有学校规章和课堂纪律要求作为保障，不管学生的心态如何，既然人已经坐在这里了，这时教师的主动出击能很大程度上赢得学生的关注。那么需要教师从心态、精神、魅力、教法、教学内容、教学形式等多方面增加课堂文化传播的有效信息含量，让自己的课程本身充满吸引力，让学生认识到学习该门课程的目的及对自己发展的作用，重新将目光放回到课堂的此时此地中。当然，目前也有高校以采取活动的形式约束课堂手机使用行为，如“手机放进小口袋，心灵回归大课堂”活动，也很大程度上杜绝了课堂的手机滥用问题。

手机文化对大学校园的影响远远不止对课堂文化的冲击这一个方面，我们还需要从对学生的意识形态的改变和对高校思想政治教育工作、校园文化的挑战去考虑。诚然，手机文化开拓了学生的视野和思维，提供了一种全新的自主学习模式，大学生具有容易接受新事物的突出特点，手机网络让学生过渡到一种更为方便、快捷的网络文化时代，便于他们了解社会最新资讯、接触知识、感悟文化，充分展现自我。同时也加强了学生的社会化进程，各式各样的手机文化不但扩展了学生的人际圈子，情感隐匿性的特点更让交流的内容更加走心、更加有深度，对大学生的心理也产生了一定的影响，成为促进大学生社会化的有效手段之一。

但是，手机文化也给大学生带来了不可忽视的消极影响。手机文化的内容纷繁复杂，信息良莠不齐，不可避免地去宣传渲染多种价值观念和意识形态，基于不同社会阶层的价值观念碰撞在一起形成各式各样的社会思潮，再加上随着现代信息技术的发展，文化多元化已经成为历史发展的必然。西方的功利主义、享乐主义、个人主义等不良价值取向已不断向我国渗透，对大学生的意识、心态产生冲击。所以，对手机上网的滥用首先会造成大学生对手机过度依赖、网络成瘾、人际交往障碍，活在虚拟世界中无法自拔，社会功能受损。

接下来，还有更严峻的现实，网络上充斥着很多不良信息、虚假信息、垃圾信息，让涉世未深、单纯善良的大学生上当受骗的比比皆是。例如，某大学生想在网上找兼职，看到了网上招工的帖子，给黑中介交去介绍费后，却不被落实工作，想回去找的时候发现对方已经联络不上。更有甚者，这些不良文化引发了社会诚信水准和道德水准下降。例如，手机资讯里有一些非主流的、不健康的、不符合社会道德要求的信息，对缺乏是非辨识能力的青少年冲击很大。向经济并不宽裕、急需用钱的学生抛出极具诱惑的贷款信息，以利率少、申请门槛低、到账快为由借钱给学生，学生还钱时却发现利息高得出奇，不及时还钱会有催债公司电话、上门威胁，甚至学生的亲友也会受到不断骚扰。这两年来，社会上还出现了所谓的“裸贷”，就是借款人用自己的裸照及不雅视频作抵押，以此从出借人手中获得金额不等的贷款，很多女大学生成了受害者。裸贷的周息甚至高达30%，如果借款人不能连本带息及时还款，出借人将会公布这些隐私内容，甚至逼迫借款人进行所谓的“肉偿”。有女大学生因为裸贷之后自己的裸照被曝光，尊严受损，离家出走。厦门某学院一大二女生在2017年4月因卷入裸贷陷阱，不堪还债压力和催债电话骚扰，选择自杀，花样的年华转瞬即逝。由此可以看出，手机作为新媒体时代传播文化的终端之一，手机及网络本身并不具有较多的分辨、筛选、监督机制来有效地识别、规避网上不良信息对大学生的侵蚀，只能依靠学校的纪律约束、广泛宣传及学生自身道德是非判断能力的提升，这无疑给学校的思想政治教育工作增加了难度。而且，如果一个学校里多数学生或多或少受到了手机文化的消极影响，那么学校营造学习氛围、弘扬社会正气、丰富校园文化建设都将成为空谈。

凡事都有两面性，手机文化确实对大学校园管理、思想政治教育以及学生的主观意识形态产生了消极的影响，但是却不能否认它作为新传播技术给人类和社会带来的发展和重大变革。所以，作为教育者，教育机构不能因为某样事物可能存在不利影响，或者造成不可控的局面而肆意去否定它、打压它，而是应该正视问题，承认它的合理之处，找出它的优势有效利用，扬长避短。

既然手机文化有覆盖面广、影响范围大、传输迅速等优点，有“第五媒体”之称，可以在最短的时间内，将信息群发给每一个学生，学生也易于接受，那么思想政治教育工作者可以有效利用手机网络这个平台，采用手机文化中生动新奇的表达方式，传播正能量和社会主义核心价值观，对高校长期积淀的校园文化精神加以传承和宣扬，在提高思想政治教育工作效率的同时，学生的信息接受度也较传统的说教式的思政教育要高。

手机文化中已出现了语言失范现象，由于手机内存容量的限制，决定了手机信息的文本必须是短小精炼，一目了然，加上个性化的需求、时尚潮流的追寻，大量的网络语言充斥其中，对人们的日常用语表达和书写习惯都造成了负面影响，破坏了语言的规范性，导致文本的去思想化和文化的浅薄化。针对这一情况，在尊重大学生手机文化习惯的基础上，高校应针对手机文化对思想政治教育与大学生身心产生的不利影响，有针对性地制定制度加以约束和规范。例如，规定在课堂发言、作业以及考试答题中不允许使用不规范的网络语言，要求使用完整的、正式的表达方式，遇到学生出现这些问题时要及时纠正，边纠正边解释原因，并且告诉他正确的应该如何表达，让学生在被提醒的同时也能形成自主意识避免下次再犯。

针对课堂上学生玩手机较多，不愿认真听讲的状况，除了教师从自身做起，提高个人魅力、改进教学内容、改善教学教法外，教师不能墨守成规，应认识到新兴事物的发生发展有其合理性和必然性，要勇于去接受去探索，找出它的优势为自己所用，深入大学生的手机文化世界抢占手机文化教育的制高点。要倾听学生的心声，了解学生为什么不能被课堂所吸引，学生感兴趣的点到底在哪些方面，还要引导学生正确选择信息，学会自觉辨别、筛选不良信息，抵制不良信息的影响，坚决不制造和传播垃圾信息，营造积极健康、富有教育意义的手机文化环境。

针对用手机“动手不动口”的虚拟沟通会导致学生情感的淡漠，削弱现实沟通的能力和快乐，带学生走进人际交往怪圈的现象，教育者可以应用思想政治工作新载体——虚拟群体管理，通过建立QQ群、微信群、校园公众平台、手机微博，以“虚拟班级”“学习经验交流群”、美文欣赏等具体形式，分享、交流网络信息资源，为学生提供一个能参与学校管理、活动和服务的渠道，搭建一个供师生和学生间沟通交流的平台，形成手机上网与网络传播的良性互动。还要经常组织开展丰富多彩的手机文化活动，寓思想政治教育于活动之中。例如，组织优秀原创微博评选活动，结果由学生和老师们民主投票产生，以此通过微博的力量对大学生进行思想引导、生涯规划，从而提高高校学风建设，营造积极向上的校园学习氛围和交流氛围。①

① 杨思冰．手机文化背景下大学生思想政治教育问题研究［D］．西安：西安科技大学，2016：26.

有调查显示，人们对手机依赖的程度比我们想象的要高。有20%的人每隔十多分钟就要看一下手机，有1/3的人承认，如果在很短时间内不让他们使用手机，他们会变得很焦虑。有超过七成的人要在睡前和早上起床前使用手机，而上厕所、走路、坐车、开会等情况也是我们使用手机最频繁的场合。怪不得有句调侃的话说道，现代人不是正在给手机充电，就是在去充电的路上。那么大学生如何规范自己的手机使用行为，把时间留给更充实的生活、更需要自己去关注的场合呢？以下是几个建议。

一是关掉手机的信息通知和推送。一条手机推送、一个群组通知或留言经常会打断我们的思维和手头上正在处理的事情，分散了注意力，而一旦我们去关注了哪怕只是一条信息，我们的目光就可能会被手机上千条万条的信息所吸引，时间一晃而过。因此，如果不是特别重要的消息，尽可能关闭推送和通知的提示音，保证不被无关信息打扰了学习和工作。

二是控制自己在上课时手机关机，也不带手机进厕所和卧室。用手机聊天、娱乐会耽误时间，引起神经兴奋反而不利于排便和睡觉的过程。但如今“机不离身”的时代，要形成如此的纪律意识和作息规律确实需要学生自己主观意志的努力和克服。

三是用充实的生活去填补无聊的时间。上大学不应该是很多学生理解的，该上课就上课，该休息就玩乐，业余的时间可以利用起来，比如多参加社团和学生组织来锻炼自己的人际交往能力，提升社会经验，还可以培养自己几个兴趣爱好特长，兴趣少的人更容易用手机消磨时间，例如，参加户外运动和文艺活动等，培养强健体魄，展示自己的才能以提高自信，为就业增添砝码。客观来说，大学里手机依赖严重的学生大多也是对未来迷惘的学生。

四是多思考，少搜索。网络时代带来了搜索引擎的迅猛发展，只要你输入一个问题或者关键词，网络上就会出现数以万计的信息，传授你很多种解决问题的办法，根本不需要你静下来思考哪怕一小会。网络上流行一句话叫“有事问度娘”，讲的就是这个意思。可是时间长了，我们的大脑越发迟钝，思维能力和动手能力下降了，我们总会想到用最短的时间去找出解决问题的方法，把一切问题交给了手机和网络。其实，为保证我们的大脑生机有活力，为了让我们成为一个有思想的大学生，我们不仅需要多思考，少搜索，我们还需要深度思考，让自己早日从信息碎片化这个大坑中爬出来。

新媒体技术的革命不仅带来了传播方式和内容的双重变化，也对大学校园文化产生巨大的影响。大学生手机文化是社会意识形态的一部分,目前也成了大学校园文化里必不可少的部分。所以,大学生手机文化的未来一定是与大学校园文化共同建设发展的。在大学生手机文化的建设中首先要坚持方向性原则,要坚持用社会主义核心价值观去引导,坚持为社会服务,为提高大学生综合素质的服务,还要坚持以人为本的原则,既然是学生乐于接受的传播方式,那么我们就要研究手机媒体的特点、先进性在哪里,大学生手机文化的积极和消极影响在哪里,如何促使我们更好地运用手机媒体去促进校园文化向着科技的、先进的、人本的方向去发展。要深入学生中去,了解学生使用手机所进行的学习、交友、休闲、娱乐等情况,对手机文化中存在的问题,带来的不良信息,高校要加强宣传引导和监督,有效地对手机媒体传播的内容进行适当而有效地过滤。此外,学校不应强力制止学生在公共场合使用手机,而是应该通过班会、讲座等形式引导学生理性对待手机,提高大学生自身的信息素养,树立使用手机媒体的道德意识。对于手机依赖程度严重的学生,通过治疗、辅导、监督,逐步消减其非必要的手机使用时间,让其意识到手机不是生活的全部,鼓励其面对现实,树立合理健康使用手机的习惯,帮助他们早日回归到正常的学习生活和社会人际交往中来。总之,新媒体技术的发展使大学文化不断焕发生机,更加具有现实性和创新性,高校一定要利用好手机媒体这个新兴平台,以健康、充实的信息内容,快速便捷的传播速度来努力营造一个积极向上的校园文化氛围,丰富校园文化生活,保障高校教育管理各项工作的顺利进行。

三、泛传播时代大学校园文化建设与学生发展的新型互动关系

1. 校园文化的育人功能

中共中央国务院关于进一步加强和改进大学生思想政治教育意见中明确指出,“校园文化具有重要的育人功能”,“要建设体现社会主义特点、时代特征和学校特色的校园文化”,为我国高校校园文化的建设问题指明了发展道路。高校校园文化是一种特殊的社会文化现象,以中国特色的社会主义文化为基础,以学校文化活动为载体,是由全校师生共同营造的,富有时代特征和学校特色的人文氛围。具体表现为两个部分:一是包含校园环境、建筑物、图书、设备等在内的硬件设施,二是由各项规章制度、校训、校风、学风、校园活动、生活方式等集合起来的软件环境。校园文化是高校思想政治教育工作不可或缺的重要途径和载体,校

园文化具有潜隐性，良好的校园文化有利于引导学生树立正确的政治方向和生活目标，帮助学生努力提高文化修养和专业知识技能，培养健全人格和高尚的道德品质，为实现自己的终极人生目标助力。既然校园文化具有潜隐性，是以润物细无声的方式逐渐渗透到学生的学习、生活和主观意识当中，那么校园文化是通过哪些心理机制对学生产生影响、发挥作用的呢？

首先是心理暗示。暗示是一种心理作用，是指在自然的氛围下，通过人与人之间的交往，含蓄、间接地发送一些信息，使他人接受所示意的观点、意见，或按示意的方式进行活动的现象。拿树立良好的班风为例，如果一个班级里大多数学生在学习上都积极主动，在思想上要求进步，那么即使有那么几个“另类”的惰性分子，也可以通过集体规则的制定和集体力量的带动让那些学生发生改变，从而引导更多的学生来营造好的班风、学风，而班风、学风的树立也能帮助学生更好地学到东西，得到锻炼，获得温暖，呈现良性互动的态势。

其次是感染。心理感染是指同一活动的共同参与者，在共同环境中，经多次情感交流互动以后，在取得一定效果的基础上，进行情感相互影响的过程。比如学校举办一些团体心理素质拓展活动，以班级为单位参赛，也许学生间开始并不熟悉，但是由于活动任务的设置，必须要求班级团体合作，相互间广泛的沟通，过程中可能还会遇到阻滞，但最后在群体的共同努力和坚持下终达成目标，这样的过程让学生得到群体动力的感染，发展了人际关系，也提升了班级的凝聚力。

第三是从众。从众是社会心理学的范畴，是指个人受到多数人的影响，在知觉、判断、信仰及行为上采取和大多数人一致的现象。从众的现象经常发生在大一新生身上，学生远离家乡刚刚来到陌生的大学，环境和人际都不熟悉，他们倾向于趋同多数人的行为方式。于是很多高校会在大一新生中广泛开展社团、学生组织纳新，吸纳更多有兴趣的、旨在锻炼自己能力的学生进入，而大一学生看见身边的同学有参加的，出于从众的心理，也会选择加入小试牛刀。社团让学生有了归属感，获得了友谊，也通过丰富多彩的社团活动及指导老师、学长们的言传身教，让大一新生在校园文化和社团文化的熏陶中迅速成长起来。[①]

校园文化的育人功能主要表现在良好的校园文化环境的熏陶下，将国家、

① 王思名．校园文化对大学生思想品德形成的作用研究［D］．石家庄：河北科技大学，2012：17-19.

社会、学校所要求的规范渗透到学生的学习生活中去，使其内化于心、外化于形，目的是培养“有理想、有文化、有道德、有纪律、德智体美全面发展的社会主义事业建设者和接班人”。具体来说有如下几个功能。

（1）教育导向功能。

教育是大学文化的基本功能，无论是课堂文化，还是课余文化，都有明确的教育目的。教育功能可分为显性和隐性的两种。显性的教育是通过实实在在的事物呈现给学生以达到教育的目的，例如，一部爱国主义电影、一本催人奋进的书籍，学生在观看电影和书籍后自然地受到感染，在意识、言行等方面发生改变，而隐性的教育主要通过物化形态（校园环境、建筑、文化设施等）和观念形态（校风、集体舆论、人际氛围等）潜移默化地去陶冶情操，使学生对校园文化产生深刻的认同感，甚至对其人生整个过程产生影响，并通过一届届学子不断传承下来，如北大的百年校训。此外，校园文化的教育功能还有导向性，无论是大学精神还是校园文化氛围，都会给学生有一个政治的、文化的、意识上的参考体系，并传递社会认同的价值观念，保证学校的教育目标和符合社会发展方向。

（2）塑造品格功能。

校园文化建设是高校进行思想政治教育的重要组成部分，在人才的全面素质中，思想道德素质是首要素质，校园文化对于学生思想道德素质的培养起着举足轻重的作用。通过整个校园环境、文化氛围、文化活动、师生互动等方式影响学生，引导学生塑造良好的人格品质，提升道德素养，并教授学生为人处世的道理和方法，以及对学生日常言行进行监督、评价和指导。

（3）能力培养功能。

学生上大学的主要目的是希望得到知识技能的学习和综合能力的培养。校园文化可以通过多种形式帮助学生更好地适应社会，提升学生在人际交往、组织沟通、统筹协调、待人接物等方面的适应能力，帮助学生习得与社会规范相匹配的知识、技能和生活方法，有利于今后其离开校园走入职场后迅速地进入状态，融入社会洪流，开展幸福人生。①

（4）身心和谐功能。

现代社会快节奏的生活，科学技术迅猛发展，一方面给人们带来了生活的便

① 刘运根．大学校园文化的育人功能研究 [D]. 上海：华东师范大学，2003：21-22.

利，但另一方面也加剧了人们身心的负荷。根据各高校新生入学时的心理测评来看，有心理问题的学生不在少数。大学生心理问题主要表现在理想与现实的冲突、消极情绪、自我评价低、人际交往、家庭、情感、就业等方面，积极向上、丰富多彩的校园文化生活可以帮助学生展现能力、释放压力、协调人际关系，有效地促进学生身心健康，对其心理和行为产生潜在的激发和约束作用，保障其身心和谐发展，培养积极的心理状态和良好的个性品质。

2. 大学校园文化建设的发展趋势

从精英文化到大众文化。随着我国高校年年扩招，越来越多的学生可以进入高校接受更高层次的培养，高等教育实现了从精英教育到大众教育的转变。大学校园文化也随之发生变化，出现多维全面发展的新特点，希望可以辐射到更大范围的学生群体。但是一个国家对人才的需求是多方面的、多样化的，精英人才始终是我国宏大人才队伍中的核心和骨干人才，所以近年来各高校响应国家号召以及根据自身学校发展特点，精英教育的理念又被重新拾起来，在学院、系部推出例如栋梁班、精英班这样的特殊班级，除了让学生获得现代化的专业知识外，更主要的是提高能力，使他们逐步具备良好的学习能力、实践能力、发现分析解决问题的能力、表达撰写能力、与人交往合作的能力和创新能力等。

校园文化模式转变。21 世纪是个信息网络畅通的时代，信息的传播速度极快，人们可以在世界各地随时获得最新的消息资讯。如果一所高校的校园文化仍然依靠自身原有的传统的传播和建设模式，势必无法跟上时代的步伐。所以，应该实现从闭塞的校园文化向敞开式校园文化发展。一方面可以通过媒介获得更广泛的外来理念、信息滋养大学文化，另外，本校自身的文化，也可通过网络快速传递出去，实现高校与社会、高校与高校间的多层面的共享优秀文化格局。

高校自身文化的不断深入，以大学文化滋养城市发展。高校承担着培养全面发展人才的责任，也承担着创造、传播、发展先进社会文化，促进社会进步的责任。大学文化和城市文化是社会文化体系的重要组成部分，二者之间体现着互动关系。一方面，大学文化反映社会发展进步的方向和时代特点，吐故纳新，形成富有时代特点的文化，以其自身的文化优势推动城市文化的发展，对提升城市文化内涵，提高城市竞争力发挥重要作用；另一方面，城市文化渗透到大学文化之中，促使高校自身文化的不断深入，为大学文化赋予地方特色。总之，大学的品质高低，将直接决定这个城市有没有实力、品味、竞争力和凝聚力。事实上，只有大学发展到一定高度，才能树立起一座城市的高度。

3. 大学校园文化与学生发展的新型互动关系

大学校园文化与学生发展之间的关系，本质上是一种双向构建的功能关系，即是说大学文化与学生发展之间，不仅仅是简单的影响和被影响，或者制约和被制约的单向的功能关系，而是相互作用、相互规定和相依相生的双向建构的功能关系。大学的校园，不仅是办学的场所，提供学生教育和生活的地方，也是具有特殊的精神价值和文化底蕴的温床。大学生的成长发展也不仅是在课堂和实验室里，或是在教师的说教之中，更重要的是在特殊的校园文化环境、文化氛围的熏陶和影响下不断萌发、壮大直至璀璨。校园文化对大学生成长的深刻影响，可以在很多大学的发展历史中得到肯定的回答。例如，20 世纪 40 年代进入清华园的严普强教授在回忆当时的大学生活时写道："一进清华园就强烈感受到民主和探求真理的气氛。清华园的小环境和当时室外窒息的专制统治形成鲜明的对比。"著名画家、曾任清华大学教授的吴冠中在回忆文章中感叹："观光清华大学，却游览了清华园，真正的文化大公园。"清华精神激励着每一位清华学子为人类发展做出卓越贡献，清华大学的校园文化更是哺育了一代又一代自强不息、才华出众的清华学子。[①]

作为大学校园文化里标准性内容的校风，对外是一种学校形象和社会声誉的体现，对内是全校师生员工精神面貌的体现，是学校宝贵的精神财富和育人资源。优良的校风，是学生一跨进校门就感受到浓厚的学习氛围，追求真理、追求卓越与创新的精神，是一种催人奋进的动力。学风和教风是校风的重要组成部分，而教师的教风也直接影响到学生的学风。大学生的校园生活，从表面上看是学生面对教师与教材、考试与分数、规章管理制度等，而从深层次上对学生个人性格、素质提升起作用的反而是校园文化这些隐性的部分，对学生的健康成长起着潜移默化的作用。现在高校采取多种方式去提高班级的学风，例如，搞优良学风班的评选，采用竞争的机制去激励各班级在管理、学业等方面提高凝聚力，拧

---

① 浙江工业大学老教师协会课题组．大学校园文化对学生成长的影响 [J]. 高教与经济，2004（3）：14.

成一股绳去力争优秀，在获得奖励的同时，也确实提高了班级的整体水平。但是近些年大学和大学教师的社会地位不断提高，大学教师的经济收益也大幅度增长，加上目前功利盛行、浮躁遍及的社会情况，要求教师认真负责地教书育人显得尤为重要和迫切。只有教师尽好自己的本分，拥有较高的学术水平和职业素养，学生才能真正从教师身上、从课堂上、从整个校园氛围中吸取到积极的、健康的养分，有利于自己能力的发挥和综合素养的提升。

大学校园优秀文化得以传播，除了校风、学风的熏陶，除了教师的耳提面授及学校的规范化管理，还有些途径也发挥了十分重要的作用。如学生社团，“学生社团是学生在自愿的基础上自由结成的群众组织，团结兴趣爱好相近的同学，发挥他们在某方面的特长，开展有益于身心健康的活动”。当下高校学生社团有以下几种类型[①]：一是理论探究型，主要以理论学习及关注社会热点为活动内容，如国学研究会；二是学术科技型，主要是满足成员科技文化知识需求，围绕专业知识和科学技术建立起来的带有专业实践性质的社团，如法律协会、科技创业者协会；三是公益服务型，是社团成员运用所学知识和技能到社会实践中，用以服务大众、造福社会，如青年志愿者协会；四是文体娱乐型，主要以文艺、体育等爱好和特长为纽带，满足成员发挥特长及课余生活需要，如音乐舞蹈协会、动漫社；五是自主创业型，主要将有意向自主创业的学生集合起来，通过讲座、实习、创业设计大赛等形式培养和锻炼成员自主创业的意识和能力，如根据目前时代发展建立起来的创客联盟，依靠先进的技术手段研发新型的产品供市场需求。高校学生社团是校园文化建设的重要帮手和切入口，注重高校学生社团建设，充分发挥社团应有的作用来丰富校园文化。社团可以丰富学生的课余文化生活，让学生对学校及组织有归属感，激发学生特别是低年级新生的参与热情，为学生提供文化创新的实践平台。有利于传播和培育优秀的大学精神文化，锤炼和形成大学生的核心价值观，并且将健康价值观以社会活动的形式内化为大学生的行为模式，也有利于营造积极向上、宽松和谐的校园文化氛围，形成学生群体对自己的自主监督和管理，最终达成校园文化和社会文化的沟通桥梁，为校园文化、社会文化的繁荣和发展注入新鲜活力。

还有一项是结合泛传播时代的新媒体技术，利用手机网络在高校普及的

① 王凡．高校学生社团在校园文化建设中的作用研究［D］．上海：华东师范大学，2013：12-14.

一种文化传播手段——微信平台。目前智能手机在高校的普及率非常高，以微信为代表的新型网络媒体备受广大师生的喜爱。作为具有强大瞬时传播功能的微信公众平台，微信公众号的订阅服务功能深得师生的青睐。目前很多高校除了学校网站外也有学校官方的公众号，学生组织及社团亦是，宣传纳新的时候邀请成员加入，社团有什么通知、信息或者文章类分享都可以第一时间在公众号中看到。大学生在朋友圈里转发分享的内容都有一个共同的特点，那就是与大学生学习生活息息相关，是大部分年轻人都感兴趣的内容。微信公众平台可以以文字、图片、视频、音频等方式承载内容丰富的校园文化，利用公众平台信息的瞬时传播性、形式多样性、灵活互动性等特点，把校园文化的内容日常化、生活化，扩大校园文化传播的覆盖面，增强校园文化对大学生的吸引力和影响力。

主流文化一直是主导着大学校园的核心价值取向，引领学生成长成才的助推剂。但是，时代的变迁，经济的发展，受社会不良风气和西方不良思潮的影响，非主流文化也客观存在，对大学生人生观、价值观、世界观产生一定的消极影响。非主流文化是校园文化的组成部分，是校园文化中社会要求和社会期待之外的文化。从内容和表现形式看，非主流文化呈现出以下的发展倾向[①]：一是社会化，学生还没有正式进入社会，但是却把社会上的一些社交方式带到大学里，例如，在酒桌上交朋友，通过送昂贵礼品来表达感情等；二是功利化，例如，为了获得好的成绩或名誉，不惜采取不诚信的欺骗、作弊等方式；三是享乐化，过度追求高品质的物质和精神享受，例如，穿名牌，花费奢侈、盲目攀比、金钱至上等观念和行为；四是另类化，出现突破传统、不合主流的思想和行为，例如，穿着奇装异服，用匪夷所思的思想和行为去吸引更多人的注意，别人越是关注哪怕是在贬低和谩骂他，他越是沾沾自喜。这些非主流文化也许在一定程度上满足了个人或小群体的好奇、休闲、娱乐、轻松的价值需求，但是对于大学生人生长程的发展显然是不利的，所以在大学里，坚持主流文化的宣传，保持主流文化的阵地作用才是大学的精神所在。这时候要坚持主流文化的发展方向，以社会主义核心价值体系为引领，建设具有社会主义特点、符合时代特征和学校特色的校园文化，并扩大主流文化的宣传范围，提升主流文化

---

① 檀宝生．大学校园非主流文化发展倾向及引领路径研究［J］．扬州大学学报（高教研究版），2013（2）：29-30.

的传播效果，特别是巩固主流文化的网络话语权，依靠学生组织的作用和影响力，构建校园文化与大学生发展之间的良性互动机制，使大学生走向对主流文化的认同，并内化为文化自觉的行为，使大学校园回归到文化育人的本真。

4. 泛传播时代的新型师生关系

师生关系是高校中最基本的关系，主要指师生之间在教育教学过程中所发生的直接间接来往和联系，包括为完成教学任务而发生的工作联系，及满足情感交流需要而形成的人际关系，以组织结构形式表现的组织关系，以情感、认识、交往为表现形式的心理关系。以大学文化为例，在20世纪八九十年代，教师就是校园中的绝对权威，学生获取知识的主要渠道（甚至是唯一渠道）是那些知识渊博的教师。大学生们以一种近乎虔诚的态度对待教师和课堂的学习。那个时代，教师宿舍、教师公寓大多在校园里，和学生宿舍区相邻。兴许某一天，在北大未名湖畔，偶遇季羡林先生，他的一番话语，轻轻点拨，就可以点亮一个人的一生。时过境迁，随着科技和信息的发展，尤其是网络技术和网络文化以人们意想不到的速度急速发展，不知从何时起，象牙塔里的教师和学生的关系在高等教育大众化的背景下发生了令人瞠目结舌的变化，教师的职业少了神圣，权威地位受到撼动。学生们翻翻报纸，打开电视，登录网站，轻松动动手指，就可尽览天下事，丰富的网络资源和强大的传媒力量让他们足不出户就可以了解大千世界。那学生与老师的沟通呢？“我一般不请教老师，有时即使有问题需要请教，他们也不一定知道”，这是很多学生的普遍心理。事实确是如此，社会发展变革的加剧，新事物、新文化、新技术像雨后春笋般层出不穷。教师们原先在学校学习的知识、技能都可能面临着落伍，工作后受多种因素的影响也不能一直更新教育理念和知识技能，所以被学生问倒可能会成为一种常态。教师与学生不再仅仅是知识传授者与被动接受者的关系，新形势下如何与学生相处，如何以学生接受的方式教育引导学生，是值得每个高校教师深思的问题。

要解决上述问题，让我们首先来了解一下教育的受众——“90后”大学生他们所具备的特征。“90后”孩子的父母大多是“60后”“70后”，“90后”出生的年代，中国改革开放已过10年，物质相对丰富，很多学生都是独生子女，于是他们出生就享受着父母和四个祖辈的呵护，从小没吃过苦，经受的挫折也很有限，可以说是体尝着天生的优越感。他们有着独特的性格特征，个性张扬、向往自由、注重自我、创造力强，喜欢表现、要求尊重和话语权，当然也有着不可避免的浮躁、追求物质享受、自私和攀比。而伴随他们成长的阶段，也是社会变革加剧，信息技术、新媒体迅猛发展的阶段，于是他们小小年纪就能在互联网上任意驰骋，玩转手机及各种新型数码产品，甚至嘲笑他的长辈、老师“OUT”了，不懂他们，宁愿徜徉在虚拟世界，也不愿再与长辈和老师更多地沟通。因此，“唯我独尊”比原有的“唯师独尊”更能符合学生的口味。于是，高校里经常出现老师精心备课，可是课堂上学生不买账，造成学生不听讲、纪律不佳、教学质量低的局面，让很多老师深感无奈。要解决这样的问题，原先传统的思路需要被打破，也就是说师生关系随着时代的发展会发生一些转变，不再是原先单一的“主体一客体”关系，而是一种新型的互动模式，有学者提出了“文化反哺”这个概念。

古往今来，文化的传承，尤其是物质文化的传承都是由父及子，由师到徒。而近些年，这种现象在校园中逐渐有所改变。大量新词语、新技术、新文化的含义都是由年轻的在校大学生向教师们普及。南京大学教授周晓虹最早发现了这种现象，他在研究中提出了“文化反哺”的概念。近几十年来，由于迅疾的文化和社会变迁，由年轻一代将文化及其意义传递给年长一代的新的传承方式使得传统的代际关系发生了断裂，这种文化传承方式被周教授称为“文化反哺”。在时代飞速发展的背景下，教师与学生之间的“跷跷板式”的相互合作的关系，使得教师丧失了绝对权威，学生掌握了越来越多的话语权，以快速吸收新技术与新文化的能力来反哺教师。在学生反哺教师的过程中，教师心里难免有些失落和惭愧，觉得在学生面前无所适从。那么，教师们应该如何调整心态，才能适应校园文化反哺的局面，才能使教学相长，教师与学生双双受益呢？①

首先，教师应该树立终身学习的理念，始终保持学习的热情，坚持不断地丰富自己和提升自己。俗话说，活到老，学到老，在当下瞬息万变的时代更需要抱有终身学习的理念，否则，很快会被时代和社会所抛弃。试想当别人谈论新文化、使用新技术时，只有你茫然无措，不知其意将会是多么尴尬的局面。作为知识的传授者，教师更应该走在学习的前列，在教会学生如何学习的同时，自己也要保持学习的热情，丰富专业知识，提高职业能力，读万卷书，行万里路。

---

① 王菁华．校园“文化反哺”时代教师应何去何从［N］．青岛日报，2013-5-11（06）．

其次，教师应该与时俱进，同时代接轨，从传媒处获取知识。作为信息时代的教师，我们应该与时俱进，及时了解社会动态，主动学习掌握新技术。媒介播放器、移动电话以及电子计算机等花样繁多的家用电器系列，构成了现代器物文明的重要部分。各种电子产品在中国瞬间涌现，智能化是电子产品的发展趋势，教师们也应顺势而为，同时代接轨。网络的出现，传媒的势力不断扩大，各种新兴文化大多由网络传媒而兴起，教师们也应学会从传媒获取新知识、学习新文化。

第三，教师应该摆正心态，不怕被学生问倒，虚心向学生学习，切忌故步自封。知识再渊博的人，也总会有知识的盲点。即使是百科全书，也总有涉及不到的内容。这个世界瞬息万变，知识的产生每分每秒都在进行。作为一名普通教师，我们更不可能什么都了解、什么都知晓。因此，唯有我们摆正心态，即使学生的问题暂时回答不了也无妨。对于学有专长、知识掌握比较全面的学生，我们应放下架子，虚心向他们学习，从他们身上获取我们所没有的知识。不耻下问是美德，故步自封最不可取。

伴随着社会的快速发展，校园中“文化反哺”现象的出现愈发普遍。这种现象几乎改变了人们对过去传统的师生文化传承方式的认识，教育也正经历着一场“静悄悄的革命”。每一位师者都应该转变自己的观念，洞悉时代发展的步伐，号准社会变革的脉搏，让教育在师生互动中得到进步。而新型的师生关系，就应该用“平等、民主、敬师、爱生、和谐、互动”来概括。

5. 以促进学生自主发展为目的的校园文化建设

校园文化是学校物质财富和精神财富的总称，它包括物质文化、制度文化和精神文化。校园文化建设，是学校有意识地对校园文化的各方面进行挖掘、培育、总结、展示、内化的过程，一般而言是对已有的文化进行利用，对潜在的校园文化进行开发。学生自主发展，是指学生在教师的引导下，在教育活动中能够支配和控制自己的活动（主动求知、主动探索、主动思维、主动实践），在学习中能够充分发挥积极主动性，从而在自己的创新能力和实践能力得到提高的同时，自觉主动地追求人生意义及价值的自我超越方式[①]。校园文化是高校德育工作的重要载体，在泛传播时代，加强大学校园文化建设，不仅在高校思

① 叶澜．教育概论［M］. 北京：人民教育出版社，2006：116-118.

想政治教育中有重要意义，而且在优化高校育人环境，推动文化素质教育及学生自主发展等方面同样具有重要作用。泛传播时代大学校园文化建设的内容，也应从校园物质文化建设、精神文化建设和制度文化建设出发，对传统环境下的大学文化建设内容精髓的继承发扬及利用新媒体进行的信息环境再造、教学方式改革及载体实际运用等进行深入发掘。

首先需要完善新媒体下的大学物质文化建设。物质文化是大学校园文化存在的基础。新媒体环境下，完善物质文化建设需要不断加强校园网络硬件建设力度，从校园计算机网络建设、打造现代化的校园基础设施等方面入手，将静态校园构建成图文并茂、形象生动的数字化校园。二是加强新媒体环境下的大学精神文化建设。将新媒体与校报、广播台、宣传栏等传统媒体相结合，优势互补、充分发挥各自作用。高校可充分利用新兴媒介手段，打造为学生广泛接受的校园网、论坛、微信公众平台、微博等来拓展思政工作和校园文化宣传工作的新阵地，打造更具影响力的校园文化形式。创建、塑造符合学校实际的网络文化品牌，努力形成“以校园门户网站为主体，以红色网站为旗帜，以学术、新闻、服务类网站为补充”的校园文化分层次新格局，提升校园文化的建设实效。三是推进新媒体环境下的大学制度文化建设。完善制度是大学校园文化建设的重要保障，凡事都需遵循规则，健全大学文化的队伍机制，加强校园新媒体的监管体制，是时代赋予高校发展的一项任务。[①] 高校必须加强对新媒体的有效控制，加强对舆论的监测和引导，培养学生健康的媒介素养，还要打造一支在校党委领导下的，由党委宣传部、团委、学生处、网络中心等部门组成的新媒体管理队伍，需具备较强的专业知识、实践技能和教育宣传、组织管理能力。

一般来讲，“学生发展”主要是指向全体学生的成功发展、指向学生的全面发展、指向全体学生的全程发展和指向每个学生的个性充分、自由、和谐的发展。在谈到学校的发展以前，首先要谈谈学生的归属感问题。国外学者布拉赛尔说过，对于十八九岁的青年来说，上大学的目的不仅在于接受正规的学术教育，而是他们渴望形成一种对大学的归属感。没有归属感，何谈在大学的发展。对大一新生来说，来到陌生的校园，新环境会使他们感到很多的不适应，会体尝到孤单的滋味。而大二、大三的学生缺乏归属感会对人际关系冷漠，学

① 于杰．新媒体环境下大学校园文化建设的创新路径［J］．黑龙江省高等教育学会2016年学术年会暨理事工作会论文集，2016：550-551.

习生活缺乏热情和动力，缺乏兴趣爱好，时间长了也会影响个人的成长和发展。而学生到了毕业班，归属感还是未增强会直接影响接下来的升学或就业，会对大学生活感到后悔和遗憾。所以说，从一进校开始要提升学生的归属感，建立以学生为本，促进学生自主发展的校园文化显得十分必要。

从外部环境看，要建设积极优美的校园环境文化。设备完善，美观干净的校园建筑是学校的一张有利的名片，可以增强师生对学校的荣誉感和归属感。同时，顺应社会发展，要引进现代化的设备，让学生体会到学习生活的便捷，提高对学校硬件设施的认同程度。从内在看，要建设有人文关怀的校园组织文化。学生很多的归属感不是来自于冷冰冰的校舍和设施等，而是从人与人之间的接触和沟通而来。例如，刚入校时，接待学生的管理者、辅导员、学校工作人员应表现出专业的服务意识，对学生关心和帮助，体现高度的工作热情和责任感，这样可以消除学生对陌生环境的恐惧和不适应。刚进学生组织和社团需要认真负责的学长来带领着干事活动，引导新生如何在社团里更好地锻炼自己。班级里通过多种方式来提高集体凝聚力，在老师的带领下，在积极上进的学生的带动下，拉动整个班级人际关系的融合和学业成绩的提升。总之，学生在学校归属感的建立，为接下来的自主发展奠定了坚实的基础。

建设以学生为本，促进学生自主发展的校园文化，还需要培养大学生的文化自觉能力。一个大学的历史和传统十分重要，大学管理者不仅要继承已有的历史文化传统，将其感染和影响一届又一届的学生，还要相信学生的潜力，设法引导学生去创造新文化，使传统文化和新兴文化在更大范围内发扬光大。还要通过思想政治理论课以及结合校园新媒体的宣传，将社会主流的文化、主旋律、核心价值观传递给学生，让学生开拓见识、提高认识，引导大学生提升对国家、对集体、对民族文化的认知能力，并逐渐内化，培养起自主思考和判断辨别的能力。① 总之，每个大学生都有自身的特点和优势，管理者应根据学生成长特点和自身需求，引导学生选择适合自己个人发展的文化活动，并充分发挥学生的主人翁精神，增强其责任感和归属感，从而使校园文化成为学生主体发展的有力保障。

---

① 柳叶，韩影，李想．试论以学生为本的大学校园文化建设［J］．黑龙江教育学院学报，2013（5）：90.

第六章　未来传播技术与大学文化生态

一、传播技术的未来走向——“移动互联网 + 教育”时代的到来

2015 年 3 月 5 日，在第十二届全国人民代表大会第三次会议开幕式上，国务院总理李克强在政府工作报告中 8 次提出了“互联网 +”的理念，并明确提出要制订“互联网 +”行动计划。这是首次将“互联网 +”这一词写进国家政府工作报告，这无疑是向公众展示，对于中国这样一个无论是网民数量还是网络经济发展速度都堪称世界第一的大国，互联网、移动互联网在整个国家发展中所占的分量，“互联网 +”正在给中国各个行业、组织甚至个人带来空前的机遇、希望与挑战。“互联网 +”将世界变成了地球村，它进入了我们生活的各个领域，渗透到了每个中国人的毛孔里。网上流行的一段话非常形象地描述了互联网的神奇作用——

“近年来，互联网像点石成金的魔杖一般，不管‘加’上什么，都会发生神奇的变化：‘加’商品变成了淘宝、京东，‘加’货币变成了支付宝、余额宝，‘加’手机变成了微信、视频通话，‘加’出租车变成了滴滴打车、快的打车……很多人把它跟电的发明相提并论，并将互联网时代称之为一次新的工业革命。”

那么，在中国，“互联网 + 教育”会变成什么呢？简单地说，就是一张网、一个移动终端、几百万学生，学校任你挑，老师由你选，你可以获得你想要的各种教育和知识。慕课、创课、微课、翻转课堂、网络课程、网络教学、移动学习等都是“互联网 + 教育”的产物。

但是，历史的车轮是滚滚向前的。随着时代的发展，“互联网 + 教育”已经

远远跟不上技术发展的脚步了。2016年12月30日,《通信信息报》刊登了一篇标题为“2017年全国移动互联网发展的五大趋势”文章,明确提出“2017年,移动互联网流量占互联网流量的比例将达到75%,2012年这个比例是40%;2016年这个比例是68%;移动装置的普及是支撑移动互联网发展的关键,2016年,智能手机普及率达到了56%,2018年将达到63%”。4G,即第四代移动通信技术。如果说第三代移动通信技术开启了移动互联网时代,那么第四代移动通信技术则让移动互联网驶入了真正的“快车道”。移动互联网由于能随时、随地、随身、更快、更方便地实现互联互通,因而被广泛应用于各种领域。中国工程院院士邬贺铨认为:“移动互联网是未来创新平台的重要支柱。移动互联网与宽带化、云计算、大数据、物联网互相促进、融合发展,将掀起信息化的新浪潮。”

什么是移动互联网呢?移动互联网,就是将移动通信和互联网二者结合起来,成为一体。字面意思可以理解为“可以移动的网络”,但是网络的移动需要一个强大的智能终端和媒介,从而催生了我们现代社会最强大的一个智能化工具——手机。手机成为现代人们与世界联系的最重要、最普遍的工具,它具有庞大的自下而上的用户群,并且具有高便捷性和强制性。除了睡眠时间,手机一般都以远高于电脑的使用时间伴随在人们身边。这个特点决定了,使用手机上网,可以带来电脑上网无可比拟的优越性,即沟通与资讯的获取远比固定设备方便。今天的我们被强制携带了手机,被强制接收信息。今天的手机远不是一个通信工具,它已经从通信工具,转变为我们社会关系的全部。手机带着我们的体温,已经成为我们身体一个“器官”,成为我们身体的组成部分。每时每刻必须携带手机,我们依赖它,同时我们也对它越来越敏感,越来越挑剔。智能手机的时代,我们被强制携带了手机,只要铃声一响,我们必须要看手机,提醒度很高,强制力也很强。科技发展到今天,不得不说智能手机给我们的生活的确带来了极大的便捷。我们的生活越来越离不开手机,通过手机我们足不出户,随时能够买到我们所需要的任何东西,包括衣服、书籍、火车票、电影票等,只要通过手机支付宝,快递会将商品直接送到我们的手中;通过手机,我们可以买到我们所需要的任何服务,比如订餐、交水电煤气费、医院挂号、打车等,手机让我们生活变得越来越方便;通过手机,我们可以去世界各地旅游,不用担心找不到路线,智能手机强大的定位功能和导航功能让我们自由畅行;通过手机,我们可以获得第一手资讯,可以将自己的心情状态、游玩风景等第一时间发布出去;手机已经取代了卡片相机,成为人们记录生活的最佳选择，大CMOS传感器以及高像素手机的出现也让手机拍摄相比一般的数码相机有了更多的资本，掏出手机拍拍美食、拍个自拍照臭美一下已经成为再正常不过的事情；智能手机价格便宜、体积小、便于携带、操作简单等特点更使手机成为人们必不可少的生活工具。其实被智能手机终结的产品还有很多很多，在此我们就不一一列举。以上只是从大方面来总结了智能手机是如何改变人们生活的。一方面，我们很欣喜地享受到了智能手机通过终结周边行业为人们生活带来的便利，但另一方面，我们也要学会正确地利用智能手机，不要让这种便捷夺走我们最初的那份纯真。

那么，什么是“移动互联网+教育”？“移动互联网+教育”是“互联网+教育”的延伸，是将教学方式、教学内容、传播方式和思维方式与移动互联网相结合，即将教育思维与移动互联网思维相结合。众所周知，移动互联网的决定性优势就是其连接互联网的方式不受地理位置的限制，移动用户的人群已经远远超过固定网络用户，并且随着时间的推移，移动互联网用户群将更加庞大。2015年9月，中国移动互联网+教育暨移动智能教育峰会在陕西西安召开，国家开放大学、陕西广播电视大学、西安交通大学的三位校长讨论移动智能教育，大会主题为“移动互联网+教育引领教育新常态”，深入探讨了教育信息化的未来发展，对于搭建“移动互联网+”“移动终端+”、慕课、超慕课、移动学习等平台进行了深入探讨。在互联网时代，各个领域都发生了许多革命性的事件。国家开放大学校长杨志坚教授认为“革命性”事件的发生最终导致了教育界也发生了革命性的变化。进入新世纪以来，移动互联网对教育最具世界性和革命性影响的是教育资源的全球共享。2001年4月4日，时任麻省理工学院校长查尔斯·韦斯特正式宣布建设开放课件项目（MIT Open Course Ware，简称MIT OCW），该项目提出将麻省理工学院的所有开放课件为全世界的教育者和学习者免费开放和享用。MIT OCW有着明确的内涵与边界，即“免费开放的高质量数字化材料，这些材料通常包括教学大纲、讲义、作业、考试，它们被组织为课程。但是，MIT OCW一般不会提供学位、学分、认证，也不提供对教师的访问，所提供的这些材料在公开许可的情况下可以被全世界的教育者和学习者使用和改编”。可以说MIT OCW是学习资源在全球范围内免费共享的一次有意义的实践，对全球高等教育产生了深远的影响。移动互联网时代还催生了一种新型的学习模式既移动学习。移动学习就是通过移动设备和移动互联网进行的随时随地的学习，这种学习方式不仅是一种时代发展的潮流和受学习者追捧的时尚，更是移动互联网时代教育的一次革命性的变革，它的前身是基于网络的在线学习，经过移动互联网及移动媒介的转化，这种基于网络的在线学习变成了基于数字和移动媒介的即时学习。随着移动互联网的快速发展，未来移动学习将最终转化为泛在学习。泛在学习的目标就是创造让学生随时随地、利用任何终端进行学习的教育环境，实现更有效的学生中心教育。在泛在学习环境中，学生根据各自的需要在多样的空间、以多样的方式进行学习，即所有的实际空间成为学习的空间。知识的获得、储存、编辑、表现、传授、创造等的最优化的智能化环境将提高人们的创造性和问题解决能力。未来人类学习的理想应是"三位一体"的终身学习、泛在学习和移动学习。

移动互联网的快速发展将高等教育的变革带入新的征程。随着"移动互联网+教育"理念的提出，社会上衍生了很多移动教育平台与产品，这些平台和产品给教育界带来了巨大的影响和冲击，既丰富了高等教育的教学模式又给传统教育带来了巨大的挑战。人大附中校长翟小宁预言："未来课堂不是老师一个人在讲学生听，而是大家都在做都在学，老师和学生的界限会模糊。未来学校可能更多的是基于线上和线下教师与学生相互学习的学习共同体，从封闭的校园到开放的校园，打破固化的组织形态，采用弹性学制和扁平化的组织架构，根据学生的能力而非年龄来组织学习，根据学生的个体需求提供灵活的教学安排，打破现有的学制，加强不同学段之间的衔接，更好地满足当代学生自主发展的需求，为学生提供可以选择的、支持个性化发展的更加精准的教育。"华南师范大学党委常委、副校长胡钦太补充说："信息技术驱动下的智慧教育发展带来了六个方面的变化，第一，教学技术的变化；第二，教学结构的改变；第三，场景和时空的变化；第四，对学生学习数据的采集与分析，最终实现学习的个性化定制服务；第五，学习的交互体验；第六，教育决策的变革。"全国人大代表、山东省教育厅副厅长张志勇认为，随着互联网技术的普及，教育的每个环节都可以运用新技术来改造。"互联网带来的教育变化之一是，教师、学生都可能成为课程的供给者，教育的跨界与协同成为必然。"也因此，互联网将成为更多优秀教师展示才华的舞台。张志勇举例说，在山东省东平县，有两个老师合作开发了一门用流行歌曲学语文的课程，并通过互联网组织更多的教师共同参与开发这门课程，"这个在过去是不可能的"。

目前，教育的每个环节都可以用新技术来改造，随着移动互联网的发展，教育新产品层出不穷，比如慕课、超慕课、翻转课堂、移动课堂、移动教育 APP、微课堂、微助教、微信平台、微信公众号、移动微学习等。这里，我们着重对一些典型的，对目前教育产生深远影响的，具有远大发展前景的教育平台及教育产品进行介绍。

慕课与超慕课。慕课是2008年由加拿大学者戴夫·科米(Dave Cornier)等合作提出来的，以其大规模、开放、在线、免费课程资源共享的网络教学模式，得到世界名校重视，率先风靡于美国，受到国际化追捧。其理想是实现“任何人、任何时间、任何地方、学到任何知识（四任何或4A，即Anyone，Anytime，Anywhere，Any knowlege）”。其鲜明的特征是“名校、名专业、名师、名课程和网络公开课”为教育优质资源公开利用提供了新途径。所谓“慕课”，简称“MOOC”，顾名思义，“M”代表Massive（大规模），与传统课程只有几十个或几百个学生不同，一门MOOC课程动辄上万人，最多达16万人；第二个字母“O”代表Open（开放），以兴趣导向，凡是想学习的，都可以进来学，不分国籍，只需一个邮箱，就可注册参与；第三个字母“O”代表Online（在线），学习在网上完成，无须旅行，不受时空限制；第四个字母“C”代表Course，就是“课程”的意思。慕课最大的特点不是面对面的授课，而是所有的课程是在互联网上进行的。人们上课地点不受局限。无论你身在何处，都可以花最少的钱享受美国大学的一流课程，只需要一台电脑和网络连接即可。慕课的第一大优势是教学资源的“精品化”和“精细化”。“慕课”视频是经过精心编排和反复推敲的，讲什么、不讲什么，先讲什么、后讲什么，都把分寸拿捏到了最佳状态，这样得到的教学资源一定是最“精细化”的，教学效果也一定是最好的。“精品化”和“精细化”的资源不仅可以使100名学生受益，全校、全省乃至全国的学生都可以同步受益。“慕课”技术的这一优势，可能会成为优质教育资源均衡配置的助推器；慕课的第二大优势是教学过程的“个别化”和“个性化”。“慕课”视频中，学生可以在任何一个地方让“老师”停下来，也可以让“老师”再讲一遍或再讲很多遍，直到学生理解了，明白了。这种改变，对教学效果和学生成绩的影响是巨大的。慕课的第三大优势是教学活动的“交互性”和学生的高度“可参与性”。以往对于“慕课”视频，教育者和受教育者更多关注的是“微小化”和“碎片化”，但由于科技的进步，这些特点通过网络交流手段都能实现，比如微信、QQ等。然而，对于慕课来说，设计和开发“交互式”或“互动式”的“慕课”视频，把学习过程变成一种高密度的、“一对一”的“聊天”和互动过程，才是慕课最大的创新。在这种交互平台上，教师可以像在课堂上一样，在视频讲授过程中提出各种的问题，每个学生各自做出回答，学生各种不同的答案均由电脑自动批改。只有学生回答正确之后，视频才会自动向下播放。这样的技术运用既可督促学生在观看视频的过程中精力高度集中，又可以让学生全程参与到教学过程中来，动脑又动手，获得最佳的学习效果。这种"一对一"互动过程，在传统的教学模式下是不可能实现的。

随着移动互联网的发展，手机成为第一大移动终端。超慕课成为"移动互联网 + 教育"的新产品。

陕西电大校长兰新哲教授认为远程教育发展有四个历史阶段：第一阶段是以广播传播媒介的语音听说时代，第二阶段是以广播电视传播的视听技术时代，第三阶段是"宽带互联网 + 计算机（网络）"时代，第四阶段为"移动互联网 + 手机（移动终端）"时代。兰教授指出互联网和移动互联网的区别在于：互联网指由多个计算机网络通过有线宽带相互连接而成，而不论采用何种协议与技术的网络；移动互联网就是将移动通信和互联网二者结合起来，成为一体。由此衍生出"互联网 + 教育"与"移动互联网 + 教育"之间的区别："互联网 + 教育"指让互联网与教育进行深度融合，创造教育新发展；"移动互联网 + 教育"指利用移动互联网与移动智能终端，创新教育发展的新生态。[①]

2015 年陕西电大校长兰新哲教授提出了"超慕课"的概念，超慕课（SMOOC）是基于移动网络和移动终端时代的超大规模开放随时（微）课程（Super Massive Open On time mic-Course）。其支撑技术包括"移动互联网 +"、移动终端、大数据、云计算等。超慕课及其支撑体系包含六层含义：一是在课程资源上"超"，超大、超微；二是在使用终端装备手段上"超"，实现多终端全媒体学习，包括广播、电视、计算机、智能手机等；三是在网络通信技术上"超"，实现全媒体传输，从 3G 向 4G、5G 等跨越；四是在信息过程管理上"超"，运用大数据、云计算等技术超越现有学习数据的关联，确保学习数据的有效和统一等；五是在市场与合作方式上"超"，拓展校校合作到采用"政产学研用"专业化公司化相结合模式；六是在应用范围上"超"，不仅用于普通高等学历教育，也能用于职业教育、各类非学历培训乃至全民学习。超慕课最大的创新点是知识通过"任何方式"都能学习到，利用第四代移动智能终端（广播、电视、计

① 国家开大、陕西电大、西安交大三校长论移动智能教育 . 2015 中国移动互联网 + 教育暨移动智能教育峰会（西安）要点撷英 [J]. 陕西广播电视大学学报，2015，17（4）：5-9.

算机、手机、平板电脑)实现随时学习,主要的支撑技术是移动互联网、手机教室、云教室、云计算和大数据等。

超慕课可实现全媒体覆盖。全媒体指传播信息的媒介主要为文字、声音、影像、动画、网页等各种媒体传播手段(多媒体),通过融合的广电网络、电信网络以及互联网络进行传播(三网融合)。而且全媒体通过提供多样方式和层次的各种传播形态来满足受众群体的不同需求,使得教育者和受教育者获得更即时、更多方位、更多听觉和视觉欲望得以满足的媒体体验。云学习环境是超慕课课程开展的有力支撑,包括平台环境、学习工具支撑、海量优质资源库,实现海量资源云端存储、共享问题和管理等。利用云计算中的虚拟化技术,随时随地都可以开展多受众多项目的即时学习和互动式练习,即时反馈。云计算使基于大数据的“对象化学习”和“个性化教学服务”成为可能。超慕课的系统平台能够实时记录用户使用的资源和学习行为,形成“大数据信息”。系统平台针对多样化超大规模数据,利用数据分析技术进行数据分析、统计、归纳,根据学习者浏览的资源和学习行为,找出学习者的学习规律,实时将这些规律反馈给教育者,教育者就能够有针对性地及时调整各个教学要素,从而对大数量的受教育者实施精准的辅导式的个性化教学服务。超慕课应用范围要比慕课更加广泛,它更容易突破高等教育的围墙,在广大学习者中普及。由于学习终端的全媒体化,尤其是智能手机的大众化和普及化,超慕课不仅能够在学历教育中占有一席之地,即在推动普通高等教育、远程高等教育、职业技术教育改革中发挥积极作用,而且能够广泛应用于各类非学历教育培训,为全民学习和终身学习目标的实现开创了一个有利的渠道。

超慕课是个新生事物,也是移动互联网运用到教育领域的一个新尝试。为了实现开放教育、电大教育、成人教育、职业教育、继续教育和终身学习的全面融合,我国的相关领域专家学者进行了大量的努力和尝试,其中最显著的成果当属陕西广播电视大学创办的5A“手机学院”。

2013年,陕西广播电视大学创办了5A(Anyone, Anytime, Anywhere, Anyway, Any course)手机学院,承担了省有关科研创新和试点项目,积极探索以智能手机等为主要学习终端,整合现有的各类学习工具,实现学习终端的全覆盖、学习手段内容的多样化、学习人群的广泛化,以及学习时间、地点的便捷化。学生只要有手机,就可以随时随地完成各类教育培训学习任务,期望实现“一机在手上大学,开门办学利万家”的教育梦。2014年3月起,学校又先后承担了陕西干部手机培训、农村党员手机教育试点，教师培训、学生就业、学生管理及学生入党积极分子理想信念教育等分班次试验成功，效果良好。①

手机学院的设立，标志着智能手机已经在教育领域崭露头角，它越来越受到教育界的广泛关注。智能手机是移动学习的一种典型的终端，它给移动学习提供了极大的便利性。首先，任何人在任何时间都可以随时随地学习。因为智能手机的小巧，便于携带的优势，学习者可以在任何地点、任何时间进行学习。其实，固定学习的方式阻碍了很多人获得教育的机会，他们没有固定的时间和地点来学习，智能手机则帮助他们解决了这一问题，使他们在获得知识的过程中享有了平等权。其次，智能手机能够帮助学习者有效利用零碎时间。移动学习具有传统固定学习无法比拟的优势，移动学习可以帮助学习者将零碎时间，如排队、等车等闲暇时间利用起来。这种学习方式目前教育界有一个新名字叫"碎片化学习"，关于"碎片化学习"教育界现在褒贬不一，但从技术应用的角度来说，它确实给学习带来了便捷。再次，智能手机使学习者获得更广泛更丰富多样的知识。智能手机可以帮助学习者获得各种学习材料，获得渠道没有任何限制，只要点击手指，所需的学习材料都可以获得。最后，智能手机为提高学习者学习的自主性和个性化做出了贡献。由于智能手机便利、操作简便的特性，手机持有者逐渐大众化，学习者不用受任何限制，可以自主选择自己感兴趣的知识，自己安排学习时间，这个过程培养了学习者自主学习的能力，使学习个性化更加突出。

利用智能手机进行移动教育，突破了传统教育的时间性和地域性，做到了任何人任何时间都可以进行任何学习。手机学院是移动学习的一个新的尝试，它的灵活、快捷、方便、自由特性，可以满足学生在任何地方、任何场所、任何时间，选择任何课程，学习任何内容的需求。未来手机学院的教育目标不仅能够利用移动媒介来传输学习内容，更能够及时向教师反馈学生学习信息，不仅可通过移动通信网络，向学生发送相关教学内容和信息，并与移动学习管理系统有机结合，对信息和数据库实时更新和分布等。智能手机高度的连通性、广泛的适应面、应用的灵活性、地域的无限性以及使用用户的广泛性，决定了手机学院将成为促进学习者终身学习的有力载体，对构建学习化社会，塑造学习

---

① 兰新哲，杨立军，汪海运，贺国旗，郭庆春．从慕课（MOOC）到超慕课（SMOOC）的探索[J]．陕西广播电视大学学报，2015，17（1）：5-8.

型国家将起到不可估量的作用。尽管目前手机学院还存在一些不足，但随着传播技术的不断更新，其必将成为时代的一种趋势，教育者应该利用好高级技术，而不是将这些技术隔离在校门之外。未来社会必将是全民学习的社会，线上线下学习相结合，终身学习将成为可能。

翻转课堂教学模式。互联网尤其是移动互联网催生了教学模式的改革，其中最突出的就是“翻转课堂”模式。翻转课堂与传统的课堂教学模式不同的是，学生在家通过老师发布的视频完成知识的学习，课堂则变成了老师与学生之间和学生与学生之间互动的场所，包括答疑解惑、知识的运用等。即要上新课先请学生在家看视频，而老师上课的主要任务就是带学生讨论解决问题！翻转课堂利用丰富的信息化资源，让学生逐渐成为学习的主角。学生在学习的过程中，可以观看自己的任课教师的视频来学习，也可以观看其他老师的视频来学习，只要能够顺利通过考核，都应该计算学分。翻转课堂在美国广受推崇，甚至被称为大势所趋的课堂革命。翻转课堂打破了教师主导课堂的局面，学生成为课堂的主人，教师不再是课堂唯一的圣人，而是学生身边的导师；翻转课堂的内容具有可重复性，学生不会因为生病或有事不能来上课而错过本节课的内容讲授；由于智能手机的普及，学生都能随时随地观看课堂视频，查找与课程内容相关的资料，做好预习，提前自学新知识，之后带着问题来到课堂讨论、提问，最终找到解决问题的答案；翻转课堂大大突出了学生学习的自主性和创造性，所有学生能够针对自己的领悟能力、学习能力提出自己的独特问题，使每一个学生获得个性化教育。然而，任何一个事物都具有两面性，翻转课堂给我们教育带来便利的同时，也存在一些问题。比如，翻转课堂虽然将学习的主动性给了学生，但是目前国内学生的自主性和自律性是否已经达到了这个水平，国内学生的不善于提问和主动性不强，对翻转课堂的效果有很大的影响；对于国内教师来说，教师的素质是否已经达到了能够驾驭翻转课堂的水平，其实翻转课堂不是削弱了教师在课堂中的作用，而是需要教师具有更高的教学素质、专业素养和知识的融会贯通以及课堂应变能力，我们的教师在这些方面还有待提高。翻转课堂是教育的一个大趋势，但是走好翻转课堂这条路还需要漫长的跋涉，尤其是教育者要在前行中不断总结和反思，既不能夸大也不能完全摒弃，既要防止翻转课堂这一新的教学模式流于形式，也不能完全依靠这一教学模式，毕竟任何技术形式都是为人才培养服务的，人的能力和情感体系不能通过技术和工具完全实现。

手机 APP。APP 是英文单词 application 的缩写，在电脑术语里是应用程序的意思。手机 APP，顾名思义就是手机上的应用程序。主要是指安装在手机上的第三方应用程序，这些应用程序都是按照手机这个载体的特点设计的，只要在手机上下载和安装就能马上使用和体验。互联网上会有专门的手机 APP 应用商店，就是 APP STORE，用户可以在网上购买任意一款自己喜欢的应用软件，目前应用比较广泛、受大众喜欢的手机 APP 主要有以下几大类：本地服务的有大众点评、豆角优惠、今夜去哪儿、丁丁优惠、艺龙在线等；网购的有淘宝、京东商城、当当网、乐蜂网、苏宁易购等；搜索的有百度、中搜、搜狐等；以分享为主的主要有美丽说、蘑菇街等；理财类的主要有同花顺、腾讯操盘手等；词典类的主要有海词词典、有道词典等；聊天类的有微信、QQ、陌陌、旺信、易信等。

目前，有统计表明最受欢迎的十大手机 APP 分别是微信、QQ、手机淘宝、滴滴出行、支付宝、美团、携程 CTRIP、腾讯手机管家、百度地图、今日头条。阿里云调研了从 2014 年 9 月到 2015 年 6 月的移动端教育 APP 的使用频率和使用时长，结果表明，近年来，使用移动教育 APP 进行学习的使用时长呈现高速增长的趋势，2015 年 6 月增速加大。

手机 APP 的广泛使用，越来越受到大众群体尤其是年轻人的青睐，很多年轻人在课堂上完全变成了“低头族”，无法专心听讲，对课堂讲授没有任何兴趣，考试之前挑灯夜战，突击复习，这样的学习态度和方式，根本学不到实用的知识和技能。许多教育机构、学校、教育工作者都开始关注 APP 的开发和使用。随着移动互联网和移动终端的快速发展和普及，新型的移动学习资源——教育 APP 如雨后春笋般大量涌现，并被广大教育工作者所用，受到了学生和家长们的追捧和青睐。教育 APP 有其特有的优势，即便携性、智能性、良好的交互性等。凭借着这些优势，教育 APP“走进”了课堂，“走进”了学生的学习，成为“移动互联网 + 教育”时代一个新兴的产物，它是先进信息技术与教育的深度融合。目前，市场上教育 APP 在学习上的应用分类主要包括七大类：阅读类 APP，主要功能是阅读各类书籍、文件和文档，是目前教育 APP 中最受欢迎的；工具书类 APP，可以进行知识的查找和解析；游戏类 APP，主要是利用游戏来学习知识；早教类 APP，可以使儿童轻松学会他们所需要的知识，寓教于乐；提醒类 APP，帮助学生安排生活和学习，如超级课程表 APP，通过对接学校教务选课系统，将教务系统所有课程表录入手机，通过平衡时间以及自己的爱好，就可以实现在校内不同院系间听课，该 APP 解决了学生健忘的问题，也帮助学生对自己感兴趣的学科做出学习规划；考试类APP，可以对各种考试时间给予提前提醒，帮助学习者规划自己的学习时间，规划不同的时间有针对性地复习不同的考试内容，从而提高复习效率；通信类APP，用户可以实现即时沟通和交流，如微信公众号、微信平台等。

目前，教育APP层出不穷，它们都试图用更加独特的教学模式来提高学生学习的积极性，用更加新颖独特的内容来吸引学生的眼球。在高等教育教学中，有很多受欢迎的、影响力超高的教育APP和移动学习软件，教师和学生通过应用这些APP和软件受益匪浅。其中由华中师范大学心理学院田媛老师开发的“微助教”和由浙江师范大学与浙江医学高等专科学校合作开发的“手机课堂”APP，在高等教育课堂中最受欢迎，受到了教师和学生的一致好评，并在许多高校中推广使用。

“微助教”是移动互联网与教育在高校教学中的有效融合。华中师范大学心理学院田媛老师开发了“微助教”手机应用软件，该APP充分考虑了教师的教，它主要的功能是面向高校课堂，尤其注重课堂上的师生互动。在教学评价中，以往的教学评价只注重结果评价，该软件将过程评价作为教学评价的最终指标。操作方式简单、快捷、实用而且能够寓教于乐。教师能够很容易操作，不需要学习和了解很多的软件知识，不会增加教师额外的教学负担；学生适应快，不会增加学生的课业负担，不需要学生单独下载APP，不受手机版本和通信网络的限制，学生只需在微信中关注“微助教”公众平台，便可以进行学习。在“微助教”公众平台中，学生签到、答题和参与讨论都可以在短时间内完成，互动完成后，“微助教”会马上统计出学生的参与成绩，并通过数据和图表的形式传达给教师，教师可以清晰地看到每个学生的表现，根据学生课堂表现给予相应的成绩，而且根据学生的学习情况，教师可以随时调整教学进度、教学内容和授课方式。目前，高校大学生普遍使用的即时通信工具中微信占据着很大的优势，基本每个有手机的学生都有微信，而且微信已经成为大学生中最主要的交流工具，“微助教”的开发和使用，适应了时代的需求，真正实现了“移动互联网+教育”的理念，将课堂真正地搬到了手机上，未来的手机微课堂将是各大高校教育的一个常态化现象。

浙江师范大学和浙江医学高等专科学校开发了一种名为“手机课堂”的APP，解决了高校课堂中学生只顾低头玩手机，不关注教师所讲内容的困境，将学生手中的手机从“玩具”变成了“教具”。“手机课堂”APP的开发理念是，针对目前很多高校都开展“无手机课堂”，但取得的效果微乎其微的现象，研发团队采取变“堵”为“疏”，充分发挥手机在课堂上的优势，放大和利用手机为教学所用的功能。浙江师范大学很多教师干脆完全在课堂上开禁手机，并让学生带着手机来上课，因为手机就像笔和纸一样，已经成为课堂中必备的工具。“手机课堂”APP，只要学生在自己的智能手机上安装一个指定的客户端，通过这个客户端可以接收教师定向发送的所有信息，这些信息包括课堂所讲内容框架、教学问题、课后习题等，学生将自己的答案和作业发送到指定网站，教师能够把学生的答案第一时间呈现在教室大屏幕上，学生能够参与和分析答案的解析，对于存在的问题随时可以向教师提出，大大提高了课堂上教师和学生的互动性。并且，该APP可以让学生用手机上网查资料，尤其是没有标准答案的问题，学生可以把各自查到答案带到课堂上进行讨论，提高了学生学习的兴趣和自主性。浙江医学高等专科学院将“手机课堂”APP进行了升级，增加了“点名神器”的功能，老师上课不用翻开纸质点名册一一点名，既浪费时间又容易让学生产生抵触心理，只要在上课前5分钟，老师打开电脑，点开课件PPT，再点击PPT上的新插件“开始上课”，教室中每一个学生的手机上就会出现实时签到界面，学生只要用手机拍个自拍照，并且还要拍一张教师讲授的即时PPT画面上传系统，才算完成了签到。这种签到方式，规避了找人代签的现象，对每一个学生都公平公正，而且老师不用费时费力地逐一点名，大约10秒钟时间，谁到课，谁缺课，只要一看软件就知道了。这种大学课堂的点名方式，既节省了时间，又解决了教师大班上课时点名的困扰，而且这种新颖的方式格外受到年轻人的喜欢，贴近大学生的生活实际，很多学生觉得自己在这种点名方式中有被尊重的感觉，对课堂、对老师会有一种莫名的亲切感。“手机课堂”APP不仅能够实现点名签到的功能，还能进行随堂测试和随堂提问。教师在讲课的过程中可以随时布置测试和问题，学生手机上会即时收到教师发送的测试题，测试成绩会计入学生期末总成绩，学生再也不用“临时抱佛脚”来应付考试了；而且，学生在课堂上再也不能掉以轻心了，每一个学生都要以饱满的精神、高度的注意力来接收课程内容，提高了学生课堂听课效率。此外，“手机课堂”APP还有一个重要的功能，就是实时评教。课程结束后，任课教师在课件上点击“上课结束”，学生手机上就会即时出现“随堂评教”界面，大家可以对本堂课教师的讲授方式、讲授内容、教学行为、教态礼仪等各个方面进行评价，任课教师可以根据学生的评价，对课程讲授的各个方面进行改进，做到有问题即时发现即时解决，对提高教师的教学质量起到了重要的作用。“手机课堂”APP的实用性和可操作性得到了广大师生的高度认可，是一款值得推广的教育APP。“指尖上的课堂”即“基于微信服务平台的微课堂”成为一种新的移动学习工具。“移动互联网+教育”时代的学习是基于移动互联网的个性化学习，未来手机课堂将在大学教育中占有一席之地，教师们可以在统一的手机平台上开设无数个手机微课堂，学习者可以按照自己的目标、方向、步骤和进度，选择不同的微课堂进行学习。

移动互联网的发展还带来了两个让大家既陌生又熟悉的词——“大数据”和“云计算”。“大数据”相当于海量数据的“数据库”。随着全球范围内个人电脑、智能手机等设备的普及和新兴市场内不断增长的互联网访问量，以及监控摄像机或智能电表等设备产生的数据暴增，使数字宇宙的规模在2012到2013两年间翻了一番，达到惊人的2.8 ZB。权威预计，到2020年，数字宇宙规模将超出预期，达到40 ZB。这是一个什么概念呢？有人曾做过这样一个比喻，地球上所有海滩上的沙粒加在一起估计有七万零五亿亿颗。40 ZB相当于地球上所有海滩上的沙粒数量的57倍。2013年5月10日，阿里巴巴集团董事局主席马云在淘宝10周年晚会上，卸任了阿里巴巴集团CEO的职位，他在晚会上做了卸任前的演讲。马云说：“大家还没搞清PC时代的时候，移动互联网来了，还没搞清移动互联网的时候，大数据时代来了。”“大数据”这一词汇的提出是在2009年，“大数据”深入各个行业各个领域并产生了巨大的变革力量是在2013年，因而2013年也被称为“大数据元年”。不管我们是否已经做好准备，也不论我们是否接受，大数据时代已悄然而至。大数据的出现具有必然性，是“信息爆炸已经积累到了一个开始引发变革的程度”，由量变导致质变的结果。曾有分析称，到2013年，世界上存储的数据预计能达到约1.2泽字节，如果把这些数据全部记在书中，这些书可以覆盖整个美国52次；如果将之存储在只读光盘上，这些光盘可以堆成五堆，每一堆都可以伸到月球。而且这一数据量还正在急剧增长，“如今只需两天就能创造出自文明诞生以来到2003年所产生的数据的总量”。面对如此庞大的数据及其惊人的增长态势，旧有的数据收集、处理、分析方式和相关理念已经滞后，于是大数据应运而生。大数据不仅仅是一种技术，而且是“一种价值观、方法论”。《大数据时代》的作者维克·托迈尔·舍恩伯格认为，“大数据是人们在大规模数据的基础上可以做到的事情，而这些事情在小规模数据的基础上是无法完成的。大数据是人们获得新的认知、创造新的价值的源泉；大数据还是改变市场、组织机构，以及政府与公民关系的方法。”他在接受《人民日报》采访时更是明确提出，“在我看来，大数据是一种价值观、方法论，我们面临的不是随机样本，而是全体数据；不是精确性，而是混杂性；不是因果关系，而是相关关系。这是一场思维的大变革，更是一个互动的过程——你可以用不同的角度不同的方式去做大数据，并得到不一样的结果与好处。”大数据的特征可以用“4V”来概括，即 Volume、Variety、Velocity 和 Value。Volume（容量）是指大数据巨大的数据量与数据的完整性。Variety（种类）则意味着要在海量、种类繁多的数据间发现其内在关联。Velocity（速度）可以理解为更快地满足实时性需求。Value（价值）是指大数据的最终意义，即通过数据获得洞察力和价值。在这四个特征中，最重要的是大数据背后的意义，追问大数据的意义是目前人们最为关切和讨论最多的。美国加利福尼亚大学里弗赛德分校计算和通信专家杨鸣博士强调，“最近媒体常常议论的大数据，其实专指大数据的第四维特性，即数据的使用价值，主要体现在数据的智能分析上。”同时他指出智能分析是一种对未来智慧的投资，分析的最终目标是做出更明智的决定。中国社科院信息化研究中心秘书长姜奇平认为，“数据只是客体，一旦离开主体的意义，就会事与愿违。大数据好还是不好，判断标准要看意义的有无：有意义的数据是智慧的，没有意义的数据只是垃圾。”大数据彰显科学价值和社会价值，并撼动着世界的方方面面，从商业科技到医疗、政府、教育、经济、人文以及社会的其他各个领域。知名 IT 评论人谢文在《大数据时代》的推荐序中指出，“在人类历史长河中，即使是在现代社会日新月异的发展中，人们还主要是依赖抽样数据、局部数据和片面数据，甚至在无法获得实证数据的时候纯粹依赖经验、理论、假设和价值观去发现未知领域的规律……大数据时代的来临使人类第一次有机会和条件，在非常多的领域和非常深入的层次获得和使用全面数据、完整数据和系统数据，深入探索现实世界的规律，获取过去不可能获取的知识，得到过去无法企及的商机。”目前，大数据的作用只发挥了冰山一角，它所有的潜在的价值在水面之下，世界各国都在奋力开发这水面下的冰山，都将大数据技术作为未来发展的有力技术支持。美国把应对大数据带来的影响提高到国家战略的层面，早在 2012 年 3 月 29 日就发布了《大数据研究和发展计划》，同时组建了“大数据高级指导小组”，并在大数据领域投资 2 亿多美元开展研究。其实，大数据与我们每个人的生活息息相关，我们每个人都是大数据的发布者、传递者、接收者和分析者。未来的社会一定与大数据紧密联系在一起,不光电脑、手机等移动终端会用到大数据,未来社会的方方面面包括智能汽车、智能电器、智能工业设备等都可以与网络连接,大数据的信息可以随时传递给个人、企业、机器。未来的社会,大数据与我们个人生活息息相关,我们每天的行程、购物、消费、网络浏览信息习惯、手机通话行为等都会被大数据记录和分析,无论我们是否察觉,我们已经成为大数据的一员。每天我们都是大数据信息的制造者,同时我们又是大数据的受益者。大数据通过对我们个人信息和数据的分析,帮助我们自己和有需要的商家揭示个人的生活习惯、心智状态、行为规律、个性特征等。大数据的这些功能,对我们个人来说既是机遇又是挑战。它给我们带来了便利,同时也带来了一些隐患,比如个人隐私问题、数据安全问题、“唯数据主义”问题等,这些都需要通过法律、法规的制定和实施以及个人媒介素养的提升来解决。

云计算是将大数据这个海量数据库中的数据进行分析和处理,最终使这些数据变成有价值的资产。从技术上看,大数据与云计算的关系就像一枚硬币的正反面一样密不可分。没有大数据,云计算什么都不是,而没有云计算成就不了大数据。没有大数据的信息积淀,则云计算的计算能力再强大,也难以找到用武之地;没有云计算的处理能力,则大数据的信息积淀再丰富,也终究只是镜花水月。大数据和云计算已经渗透到了我们生活的方方面面,未来的社会将是一个数据比人更了解人自身的社会,我们时时刻刻都被数据“记录”着。我们的一举一动、一言一行,甚至个人的偏好、消费习惯和生活习惯都被悄无声息地收集着、记录着、分析着。由此,每个人的真实性格、内心偏好甚至命运都成了实实在在的数据,呈现在众多人的面前。这些数据经过云计算的加工和分析,给我们自身和企业都带来了有价值的信息。美国《未来主义者》杂志副主编、世界未来学学者、小说家帕特里克·塔克尔(Patrick Tucker)在其《赤裸裸的未来 大数据时代:如何预见未来的生活和自己》这本书中最精彩的部分之一就是对于未来教育的预见。他认为我们现在的传统课堂讲授模式几乎从苏格拉底时期以来就没有变过,主要是因为它的功能性,即这种方式能够高效率地将知识传授下去,但是这种传统的讲授模式却不是最优越的方式。随着时代的进步,移动互联网和大数据的出现,使传统教学模式有了变革的可能。在未来大数据时代,一个学生从出生后的所有数据都被完整记录下来,对这些数据的分析结果会推送给这个学生的教师,即使这个学生会频繁更换老师，也不会影响新任教师对这个学生的了解，学生的数据分析信息会第一时间全方位地反馈给教师。未来教育中，不会存在考试与教学的时间差，甚至期末考试这一教学形式将不复存在，因为学生的学习情况的数据分析结果将持续不断地即时地传送给教师，教师根据这些数据结果，即时调整教学计划、教学进度、教学目标和教学过程，因材施教在未来大数据时代会发挥得淋漓尽致。而且，受教育者会得到前所未有的尊重，他们对学习过程的主动性和参与性会是以往社会受教育者都无法企及的。2017 年 7 月 5 日的青岛新闻网报道，青岛城阳区教育体育局在本次 2017 年智慧青岛典型案例评选活动中申报了“公共教育云服务平台”案例。据了解，为深入贯彻落实《青岛市教育信息化建设三年推进计划（2014—2016）》，加快推进教育信息化进程，提升全区教育信息化工作水平，打造具有区域特色的教育信息化建设、管理、应用体系，建立了安全可靠、开放灵活、覆盖全区的教育资源公共云服务平台，实现全区教育资源的高效智能管理。据项目负责人介绍，以为教育教学提供“安全、高效、智能”信息网络服务为工作重心，加快教育信息化基础设施建设，进一步优化网络结构，以服务学校教学、科研和管理等工作为重点，加强全区教育资源整合，逐步消除资源信息孤岛。2014 年，城阳区投资 480 万元完成了城阳区教育资源公共共享服务平台建设；2015 年，继续投资 167 万元，对教育资源公共共享服务平台进行了扩容、升级。平台设备部署在区教育网络中心，实现全区教育资源系统的统一管理，并通过云平台的虚拟应用虚拟出 100 余台高配置服务器为学校提供应用服务。 云平台设备运行实行智能化管理，通过“集中监控系统”对 UPS 电源、机房温湿度、消防报警、红外入侵、视频等数据实行远程实时在线记录、监测监控，为设备运行提供了可靠的环境保障。公共云服务平台是一个构建在云计算基础上的信息化云服务平台，基础的网络接入、存储和服务器的管理均由平台提供。云平台可直接管理、监管学校服务器使用情况，根据监管情况和实际需求分配学校服务器资源。数据的运维与安全由教育云平台负责提供保障，实现全区整个教育资源系统的统一管理和应用效益最大化。公共云服务平台为学校网站、教学资源库、办公及安全管理服务等数字校园软件的有效应用提供了载体，并具备以下明显优势：一是硬件资源有效利用。通过云平台建设将服务器及存储资源进行有效整合，利用动态资源扩展功能，能够根据资源消耗情况动态扩展和回收硬件资源，从而使资源得到合理利用。二是降低运维成本。教育云平台建成后，学校作为平台用户不再需要自己进行大量硬件的分散投资和专业信息技术人员的配备，降低了投资成本。在实现同样业务需求前提下，建设教育云平台较全区学校单独建设可以节约30%以上的投资成本。三是业务部署快速。采用云计算后利用克隆功能可在极短时间内完成服务器及存储资源的创建，有效缩短时间，提高工作效率。四是高可靠性。云计算支持虚拟机在线迁移，当虚拟机所在物理机发生故障后，虚拟机会自动迁移到资源充裕的其他物理机上，从而保证业务不间断且节省硬件资源，为学校数据资源提供安全保证。通过教育资源公共云平台建设与应用，打通了学校与学校之间的资源信息孤岛，有效整合各学校优质资源，各学校可以通过教育云共享平台，分享自己的优秀教学资源，也可从教育云共享平台获得各类图文、视频和课件等多媒体素材，实现优质教育资源共享，加快信息技术与学科教学深度融合，提高广大师生的信息化。

随着各种数据的大量累计，数据提取技术的日益完善，人们对未来的预知能力会越来越强，人们积极主动掌握自身命运的可能性会更容易实现。世界变化太快，每年都会发生翻天覆地的变化，这确实要归功于互联网、大数据、云计算技术的飞速发展，不仅人们的生活得到了极大改善，就连科学技术水平都因它们而取得了神速发展。也许未来真如我们所想象的那样，也许未来会远远超出我们的想象，但不管怎样，未来的脚步已经停不下来，只有我们顺应时代发展趋势，更新观念和思路，充分利用先进的技术，才能追赶上未来趋势，教育也是一样的。

二、未来传播技术影响下大学文化生态建设

互联网新兴媒介给高等教育带来的冲击是不可小觑的。未来的高等教育如果回避这一点，必然是落后于时代潮流的，也是没有前途的。21世纪是移动互联网的数字化时代，我们置身于这样一个时代，作为知识圣殿和社会指明灯的大学，积极探索符合时代发展趋势、符合大学使命的发展模式，持久保持大学的价值理想和独立思想，与时代共同发展，为时代发展做出贡献，引领时代价值观，已然成为当下中外一流大学共同的自觉选择。数字化时代，大学也随之演进，面临再造。“超慕课”、翻转课堂、移动学习、手机课堂、微助教这些新兴教育形式的到来就是互联网时代、大数据时代给高等教育馈赠的礼物，这份惊喜已经或即将给世界大学文化带来重大的挑战与变革。移动互联网是一把

双刃剑，不但给大学文化建设带来了极大的影响和挑战，也给大学文化的改革和创新带来了难得的契机。当前，有必要全面准确地把握移动互联网的内涵与特征，认识移动互联网，依托移动互联网，利用移动互联网，牢牢把握大学文化建设的主动权，保持移动互联网时代大学文化的改造，重建大学文化生态的平衡。

大学文化的范畴很广，本章主要从大学校园文化的角度来阐述移动互联网时代大学校园文化的建设。移动互联网时代给大学校园文化生态带来了空前的挑战，打破了原有校园文化的生态平衡，如何利用新进技术为大学文化服务，如何在移动互联网时代平衡大学校园文化生态，是一场智慧而又艰难的远行。本章从三方面提出了移动互联网时代平衡大学文化生态平衡的对策，仅为个人观点，希望对大学文化生态平衡贡献微博力量。在移动互联网时代要保持大学文化生态的平衡首先要将技术和人文相融合，技术要为人文服务；其次，要提高教师的信息和人文素养；再次，要提高学生的媒介利用素养。这三点对大学文化生态的平衡不可或缺。

首先，要形成技术与文化的融合，技术要为文化服务。我们已经进入到了互联网时代，互联网已经成为我们生活中不可或缺的一部分。如果学校不顺应时代潮流，利用先进技术为教育服务，那么我们很难培养出社会主义现代化建设的接班人。对于移动互联网技术，我们可以采取像“电”刚使用时的那种方式：开始时，大家都认为“电”是有用的，而且“电”也确实是给大家带来了很多便利，但有人提出了质疑，说“电”会电死人，电是非常危险的，之后舆论开始蔓延，大家都对“电”产生了质疑。[①]然而，最终“电”还是走进了千家万户。互联网的应用大抵也是如此。我们既要重视互联网使用中出现的各种问题，又要坚定不移地推进它，也就是说，我们要处在积极探索之中。在“移动互联网 + 教育”背景下，教育哪些是要变的，哪些是要坚守的、不变的，这些都值得我们教育工作者深思。变的永远是技术，不变的永远是人文精神。教育的对象是人，不是工厂中生产的机器，也不是市场上流通的商品，人是有思想、有主观能动性、有灵魂的，不能简单地完全通过技术和工具来摆布。苹果已故CEO乔布斯曾经提出过这样一个问题：“为什么计算机改变了几乎所有领域，

① 张等菊．建构技术与人文融合的校园文化：“互联网 +”时代的教育诉求［J］．重庆高教研究，2017，5（1）：43-46.

却唯独对学校教育的影响小得令人吃惊？”美国联邦教育部部长邓肯也在国际教育技术领域大会上提出过“乔布斯之问”。世界上所有政府都对教育信息化给予了巨大的经济投入，是所有其他行业不能比拟的，但是都出现了一个共同的现象，就是投入与产出不成正比，这一现象也让其他行业发出一片唏嘘之声。2017年国家政府工作报告中提出要制定实施《中国教育现代化2030》。以教育信息化推动教育现代化，进而支撑国家现代化，使更多孩子成就梦想、更多家庭实现希望。各地都对教育信息现代化改造给予了高度的重视，教育信息化的核心内容应该是构建信息社会的教育教学的新模式，实现在规模化教育前提下的个性化培养，提高教育质量和实现教育公平。对此，教育部科技司司长王延觉列举了一串数字。近几年来，全国中小学互联网接入率从25%上升到87%，多媒体教室比例从不到40%增加到80%，每100名中小学生拥有计算机台数从8台增长到12台，师生网络学习空间开通数量从60万个激增到6300多万个。除了公共教育服务技术应用范围提升，互联网教育市场的规模也在不断扩大，据了解，2016年第四季度中国互联网教育市场整体营收规模达481.6亿元人民币，互联网教育市场维持着增长势头。新东方总裁俞敏洪在某教育论坛上所表示，“互联网一定会推动教育繁荣和多样化，这毋庸置疑，但深层次来说，互联网还没有推动教育本质的变革，以及中国现状的改变”。因此，在大学文化建设中，我们在充分利用先进科学技术的前提下，仍然要加强核心价值教育，坚守或重塑大学精神。大学最根本的使命始终是坚守人类文明和塑造人的灵魂，并用大学自身的文化和风骨来影响一代代的大学人。移动互联网时代赋予了大学很多时代特性，如主体多样化、价值多元化等，但是这并不是说大学要放弃对核心价值的主导。恰恰相反，大学要利用移动互联网先进技术，加强和改进高校思想政治工作，提高核心价值教育的主导地位，更加发挥思想引领的作用，抵制社会上不良思想的冲击，坚守和重塑大学精神，高举科学与理性的大旗，为大学和整个社会树立正确的思想观贡献更大的力量。教育是一种有目的、有意识地培养人的活动，“移动互联网+”中的“+”意味着连接与融合，“移动互联网+教育”就是利用移动互联网技术对传统教育进行改革和重构，最终目的是提升教育教学质量。但所有的改革与重构都必须在以“服务学生”为本的理念下进行，不能抛弃人文，更不能完全依托技术，只有人文和技术互为表里，才能建构智慧型校园文化，才能做到大学文化生态的平衡。移动互联网的好处是信息资源共享，要享受这个好处，一个人必须知道自己想要什么。现在的普遍情况是人们上网只是被动地接收信息，这些信息常常与自己的生活和心灵生长毫无关系，结果只是把自己变成了海量信息的一个通道。这正说明在互联网时代，特别重要的是给自己的心灵生长打下一个好的底子，而阅读经典就是打底子最好的办法。人们通过阅读经典，一方面给自己的人生确定一个明确的精神目标，知道自己要什么，另一方面品尝到了真正的精神佳肴，精神味觉会变得敏锐而精致，从而具备良好的鉴别能力，知道自己不要什么。有了这两条，一个人就可以对互联网用其利而不受其害了。

那么未来社会，如何利用移动互联网中的先进技术为教育服务？未来的大学文化应如何接纳和利用新技术？传播技术更新日新月异下，大学文化生态如何保持平衡？这些问题都需要迫切地得到解答。我认为，主要从以下几方面入手：首先，未来的大学领导层面要有对大学信息化、技术化的统筹与规划。2016 年 6 月，教育部印发的《教育信息化"十三五"规划》中提出："要在各级各类学校逐步建立由校领导担任的首席信息官(CIO)的制度，全面统筹本单位信息化的规划与发展。" CIO（Chief Information Officer)主要负责对校园的所有信息化资源的更新、变革、规划、执行、沟通，利用新技术为教育教学服务，但同时又要规避新技术对大学文化的削弱，在充分利用新技术的同时，规避掉其对大学文化生态的负面影响，使新技术不越雷池半步，不干涉校园中任何角色的利益，不撼动校园主流文化和价值观的传承，这才是技术与文化的有效融合。CIO 制度主要是利用人力资源管理导向型模式，充分考虑不同角色人群的心理特征，调和不同角色成员之间的关系，最终达成一致目标。大学校园 CIO 制度能够更好地平衡技术与人文之间的关系，从宏观上调控新技术对大学文化的影响，对建立技术与人文相互融合的校园文化起到了宏观调控的作用。①

其次，未来的大学要做好全方位线上线下混合式教学和纯粹的在线教育的准备。新东方董事长俞敏洪认为，未来的教育体系应朝着两个方向发展：一个是 020 体系，即线上线下结合的教学模式，另一个是纯粹的在线教育。这两个方向要求学习者必须具备自主学习的能力，所以高等学校教学改革要把重心放到深层次人才培养模式改革中，将传统教学中重视"教"为中心转为现代

① 张朱博．新媒体环境下大学校园文化建设面临的机遇、挑战与对策［J］．北京师范大学学报(社会科学版)，2013，17（1）：125-130.

教育中的以“学”为中心。首先，教师要摒弃以“成绩”为主导的评价标准，而转为以“教学质量”为主导的评价标准，主动利用先进科学技术为教学服务；其次，教师的教学方式要从教师主导转向学生主导，充分利用翻转课堂的模式，建构“体验式”教学模式；最后，课堂不仅要传授知识，更要注重培养学生学习的自主性和自觉性，即授人以鱼不如授人以渔，教会学生适应未来社会教育的变革。

再次，要保持大学文化生态的平衡，必须建立和谐、平等、幸福、智慧的校园文化氛围。爱因斯坦曾经说过“现代科学技术节约了劳动，使得生活更加舒适，可是为什么带给我们的幸福却那么少呢”，先进的技术如果不与人文关怀相融合，必将会失去其应有的价值，必将会起到适得其反的效果。目前，移动互联网技术已经体现在大学文化的物质层面了，如校园无线网络平台、手机移动终端、无线教学设备等，但这些还不足以对大学文化起到作用，新的传播技术必须深入到大学的精神层面，如校园管理体系建设、教学体系建设、校园生活体系建设等。如何建立一个全新的技术与人文和谐相处的校园文化生态呢？首先，要建立一个共享、开放、融合、安全的校园云计算平台。建成“1+n+m”架构的“微服务立方体”，形成系统资源共享、数据交换、应用协同、基础设施服务、一体化的数据管理分析以及第三方应用集成等多方面应用的计算基础，统一信息资源规划和数据治理策划，使其应用方便，服务到位。其次，建立“智慧云”教室，形成混合式线上线下课堂教学与学习环境。鼓励学生在课堂上进行案例讨论、问题探究、自主学习，鼓励教师减少课堂上的讲授时间，多进行启发、提问和探讨，教师角色从讲授者转变为引导者。最后，搭建“智慧空间”，为“教师走网”和专业化发展提供服务。所谓“教师走网”，是指“以学生个性化需求为导向，在移动互联网、大数据、云计算等先进技术的支持下，教师通过精细化诊断、答疑、辅导等方式在线贡献智力资源，从而帮助学生成功获得精准服务的一种独特的教师流动形式”。[①] 和谐校园文化建设就是帮助教师利用好先进传播技术为教学服务，帮助学生愉快使用传播技术，但价值观和人生观不受新技术的负面影响，最终形成教师愉快教学、学生愉快学习的文化氛围。

---

① 王竹立，李小玉，林津．智能手机与“互联网 +”课堂——信息技术与教学整合的新思维、新路径［J］. 远程教育杂志，2015（6）：14-21.

第四，学校要加强舆论监测和引导，捍卫大学核心价值观。在移动互联网时代，人人都是信息的发布者，很多权威信息和观点受到了质疑和挑衅，人们众说纷纭，很多人从自身利益出发不断制造混乱，诋毁主流核心价值观。那么，体现到大学文化上就是削弱了大学主流文化的话语权。尤其是随着移动互联网时代的到来，移动传播技术给舆论的传播带来了无法比拟的便利，一些亚文化不断挑战着校园主流文化，影响着当代大学生的思想意识和价值观，导致很多大学生出现了不正确的价值观，如功利主义、拜金主义等等。因此，高校必须加强舆论监测和引导，了解和掌握大学生的思想动态，通过校园主流媒介宣传核心价值观，增加大学生对信息的鉴别和判断能力，在价值选择上保持清醒头脑，为大学文化建设创造良好的舆论环境。

第五，做好虚拟校园文化建设，创建虚拟校园与现实校园相结合、线上线下相结合的校园文化。新文化资源在与原有文化结构进行碰撞交流的过程中，将通过交流、质疑、适应、改革等步骤最终导致原有文化结构的重组，进而延伸出新的虚拟文化模式。虚拟校园文化是以移动互联网技术和线上教育技术为依托，借助丰富的网络资源，为师生搭建虚拟校园文化平台。虚拟校园文化建设与传统的大学文化建设二者并不矛盾，而是相辅相成，它们只是用不同的方式在不同的领域传播知识文化、培养学生成长成才、建设和谐校园文化氛围。虚拟校园文化和在线校园文化的建设要充分发挥大学生们的主观能动性，听取和采纳他们的建议和意见，培养大学生对校园文化和主流文化的认同，积极鼓励大学生参与到教学模式改革、教育管理改革、学生培养方式改革，并让学生主动参与到学校的日常管理和未来规划中。虚拟校园文化一个重要建设渠道就是通过线上线下相结合的形式开展丰富多彩的校园文化活动，利用移动互联网技术及先进的移动终端传播媒介这一强大的技术优势，为传统的校园文化活动做好宣传、渲染气氛，以传统校园文化生活之“形”为依托，融入现代校园文化精神之“神”，潜移默化地把校园虚拟文化渗透到学生的心灵，使传统的校园文化生活焕发新的生机。①

未来的大学文化建设，必须提高教师的信息素养，这也是保持大学文化生态平衡的一个重要支撑。提高教师的信息素养，这是移动互联网信息技术与

① 杨晓帆，常秀芝．新媒介环境下开放大学虚拟校园文化的实现路径——以甘肃广播电视大学为例［J］．学院探究，2016（6）：85-86.

教相结合中必须要解决的一个关键性问题。从人性心理学来说，我们任何人都会对自己熟悉的方式进行过度保护，而对新生事物则会找出很多理由进行拒绝，这种方式心理学上称为习惯性抵制或习惯性保护。高校教师也是一样的道理，容易对自己熟悉的讲课方式和课程组织方式进行习惯性保护，而对一些新技术、新手段进行习惯性抵制，因为这些都是自己不熟悉的。在发达国家，教育专家建议，一个国家对教育信息技术的经济投入应该有一半是应用于教师信息素养的培训的。如果对于新技术、新方法，使用者不去高效率地使用，而是敷衍了事，那么对教育技术的投入不会有任何回报。因此，高等学院领导者和管理者一定要重视教师信息素养的培养，包括教师对信息的认识，对信息价值、信息教育价值的认识，熟练应用信息技术，坚守信息道德等。教师的信息素养不提升，任何技术硬件都是无用的，最终都会成为摆设。

提高教师信息素养，一方面要提高教师运用新的信息技术为教学服务的能力，一方面要帮助教师树立“服务”学生的职业理念。

移动互联网时代，教师的传统教学观念被颠覆，对教师的教学技术提出了新的要求，教学方式向“个性化、互动化、社群化、数据化”变革。只要现代的教师有自己的教育目标和工作激情，移动互联网都可以帮助他们实现自己的教育梦想。在移动互联网时代，教师的学习方式、工作方式以及生活方式都在发生变化。教师的现代信息素养和能力是教育向前发展的一个重要动力。现代的教师要有对知识的深入掌控能力，不但知道这个知识“是什么”“为什么”，而且还要知道这个知识“谁有”，到哪里去“寻找”，这第二点非常关键，这也是现代教师技术能力的体现。作为新时代的教师，能够利用先进传播技术把互联网上那浩如烟海的各种信息改造为某种课程资源，学会利用现代网络技术去寻找本学科本课程最好的教育资源和课程资源，能够熟练自如地运用各种多媒体课件进行新颖的、生动的、别开生面的教学，这是非常重要的能力。教育部提出的“用教育信息化推动教育现代化”的工程已初见成效，第二代互联网技术和国家资源中心投入了营运，全国基础教育和高等教育的“天网、地网、人网”的构建已见雏形，中国基础教育知识库储存的教育资源正被各种类型的学校分享……这些都为教师职业的革命提供了一个硬件环境和基础条件。作为一个具有专业化能力的教师，完全能够而且应该做到：把电脑变成自己的外脑，把网络作为自己的书柜。教师应该具有可以发现而且能够找到本学科及本课程最好的教材、最好的教学理念和教学手段的能力。高等学校要善于使用网络，尤其是移动网络，在比较短的时间里，构筑了一扇通向新知识世界的通道，为教师素养、教师知识结构的形成创建了一个现代教师的学习平台，利用现代教育技术和手段来搭建一个现代教师的教学平台。现代教育技术使得课堂教学有了新模式，教师的一张嘴、一支粉笔的单一传授转为类似电影放映和网络互动的新形态教学。教师的专业化能力中有了一种类似电影导演的工作性质，他能根据课前的教学设计，使教学材料得到一种最佳的优化整合与呈现。如果一个教师在课堂语言表达和普通话的标准程度上略有不足的话，它完全可以通过机智地创设一个现代教育技术教学平台，弥补教师形象和教学能力的不足。教师要学会利用有关教学、科研平台来开展自己的教改、教研工作。教研、科研立项是一个教师促进教学工作、提升专业化能力的一个内在动力。在这个基础上，教师要学会利用本学科、本课程、本专题已有的网站平台和网络资源，可以在这样的课程网站和专题网站上，建设自己关于教学或者关于科研的“博客网页”，使自己的“教学博客网页”像科研立项那样促进自己的教改工作，让那种目前较为流行的“教育叙事”理论的新载体“教师随笔”有一个发表和交流的空间。教师要学会使用目前高等教育和基础教育领域里出现的“新形态教材”，通过选用“新形态教材”使自己和自己所在的学校成为有关教研机构的会员和会员制单位，进而登录它们的网站、获取在线优质教学资源。上述一个“积累教学资源、使用教学资源、创建教学资源”的三阶段工作是一个新型教师树立自己的研究型、创造型教师形象，发展自己的教师专业化能力的由浅入深、由表层到深层的“三部曲”。教师要通过上述“三位一体”的培训，有目标、有计划、有成果地提升自己，用现代教育技术和现代教育理论“装备”自己，有效地消除传统教师的“自卑感”，切实提高教师的教学自信心和成就感，真正实现“教师即研究者”的基本教师理念。

教育就是服务，这已成为教育界的共识。自古中国就有“师道尊严”的传统，教师自觉不自觉地把自己当成了教育的主宰者，以“学高为师”自居，尽管干着服务学生和服务社会的工作，但不愿承认自己是一个服务者。有些教师错误解释“服务”的标准，用“金钱标准”把教育服务等同于服务业的服务，以获取报酬的多少决定自己的付出，工作中讨价还价，缺乏奉献精神，工作中“以教谋私”，严重损害了教师的社会形象。移动互联网时代，要保持大学文化生态的平衡，教师一定要坚持“以生为本”的教育理念，必须牢固树立教师服务意识，由过去的“管学生”转到“服务学生”的轨道上来，才能与时俱进，跟上教育发展的步伐。树立服务意识是现代教育发展的必然趋势。近几年来，随着教育体制改革的深入，高等教育规模的不断扩大，传统的“精英”教育已逐渐被大众教育所取代。基础教育中表现出种种现象：如家长对子女读书前途的担忧；“优秀生”“后进生”的分类；特长学生的培养；网络的“两面性”。[①]各种矛盾日益尖锐。要解决这些矛盾，方法是多样的，但对学校来说，最重要的就是教师要紧跟教育发展的步伐，相应变换自己的角色，改变工作方法，变“教育”为“服务”。树立服务意识是师德建设的重要手段。教师改变过去的做法，变管理为服务，服务于学生，树立良好的服务意识，建立新型的合作的师生关系，构建教学相长的新平台，为新时期师德建设增添新的内涵。教师树立良好的服务意识，可以赢得学生、甚至学生家长的理解和支持，可以引发学生的共鸣与合作，可以赢得社会的尊重，这就加深了师德的内涵，拓展了师德的外延。现代教育是大教育，它包括对学生文化教育，也包括对家长的指导和为社会提供帮助。为此教师必须做好两方面工作：一是与家长建立密切的联系，多渠道、多形式地帮助家长解决教育难题。二是积极投身社会教育活动，扩大教育的社会功能，带领学生参加周边社区政治活动、社会公益活动，帮助社区干群筹划、组织各类大型宣传教育活动，经常深入社区宣传党的教育方针，配合有关部门整治周边教育环境等。教师服务是多层次、全方位、无私型的服务，这是教育工作的特点和性质决定的，更是人类文明传承和发展的需要决定的，广大教育工作者一定要随着时代的发展而不断更新观念，与时俱进，无私地、勤奋地工作，培养学生，指导家长，推动社会进步。

移动互联网时代，要保持大学文化生态的平衡，受教育者的媒介素养也是一个必须要考虑的问题。在传统媒体中，人们仅仅是信息的被动接受者、被动选择者。然而，移动互联网时代人们必须成为信息内容的发布者、信息的评价者、信息活动的参与者。大学生作为移动互联网时代重要的媒介参与者、信息发布者和接收者，其媒介素养的培养尤其重要。但是，目前大学生使用移动互联网的时间控制、内容甄别、思考反馈、评价分析能力尚待加强，高校对大学生媒介素养的认识以及开展的教育引导还存在很多不足。目前，一些权威调查机构对大学生媒介使用情况进行了调查，结果显示在校大学生对移动媒介接触较多，是移动互

---

① 王洪才．大学文化生态困境与出路［J］．河北师范大学学报（教育科学版），2017，19（1）：41-44.

联网和移动媒介的忠实用户。移动互联网的魅力吸引了几乎所有大学生的兴趣，从阅读新闻、休闲娱乐到获取学习知识，大学生在性别、年级和专业方面不存在任何差异，几乎所有人均存在频繁地接触网络的问题，其中最重要的网络使用过度表现就是网络消费过度；相比传统信息传播媒体，手机等新兴移动传播媒体由于内容新颖、传播便捷、形式多样，容易操作、便于携带、价位便宜等优势受到了大学生们的极度欢迎，迅速"蹿红"于大学校园，大学校园里出现了人手一部手机，甚至一个人好几部手机的现象。由于权威媒体过于枯燥沉重，缺乏趣味的事实报道已难以符合大学生的消费口味，大学生把视线都转移到了手机移动终端上。移动互联网上的信息内容个性、时尚、趣味，受到大学生的普遍欢迎，尤其是一些色情、暴力、低俗的媒体信息，会随意出现在手机屏幕上，大学生正值青春少年，难免会受这些信息的不正当影响，严重的会沉迷其中，不能自拔。甚至有些学生过度依赖网络虚拟交往，如微信、QQ 等交往媒介的不合理使用，导致大学生缺乏了与现实同学相处的时间和空间，降低了人与人之间的沟通和交流，长时间会影响到大学生人际交往和沟通能力。

同时，由于移动互联网对信息的获取很容易，只要点点手指，想要的信息就可以马上获得。而且，网络上的信息大多为图像信息，注重阅读者的直观感受，却降低了其阅读的兴趣，易导致思维简单化、平面化、庸俗化，大学生不愿意思考，对知识缺乏系统性解构。总体看来，在移动互联网媒介应用中，当代大学生表现出了比以往任何大学生都优越的信息获取和利用能力，但是这些信息大多都是娱乐浅显知识，大学生对于学术性知识的检索、利用还有待提高，这就需要学校开展这方面的教育，充分利用移动互联网为提高大学生的信息综合能力和水平。此外，由于移动互联网的即时性和发布内容的新颖性，大部分大学生对使用移动互联网时间上缺乏自控性，导致利用移动互联网时浪费了大量宝贵时间，帮助大学生如何科学规划和控制移动互联网使用时间，也成为高校教育管理者迫切要解决的问题。目前，大学生对移动互联网对自己的影响认识只是比较肤浅的层面，但对其更为深层次、潜移默化的影响的认识和理解还存在明显不足。如由于大学生比较单纯，接触社会比较少，阅历浅薄，大部分大学生容易把媒介现实和客观现实混为一谈。尤其是媒介所传递的信息受媒介发布者主观目的的影响，带着媒介发布者的主观情绪倾向，因此很多媒体信息观点都不是很科学或者顺应主流价值的，这些信息会对大学生自身价值观产生巨大影响。同时，移动互联网时代背景下，海量的信息加大了信息判断甄别的难度，大学生对媒介的表征和建构能力缺乏足够的判断和警惕。虽然大学生在媒介运用上有一定的技术能力，但是在对媒介信息的理解上存在认识能力不足的问题。目前，高校对大学生的媒介素养教育还很缺乏，没有跟上时代的步伐，往往是问题出现后的事后补救，而不是对问题进行预估和排除。有调查表明，大多数大学生提高自我媒介素养的主要途径：一方面是自己查看网络自己摸索，另一方面是遇到问题后的自我反思和补救，几乎很少的大学生在学校期间接受过媒介信息素养教育。从大众媒体日新月异的变化形势来看，大学生在传播环境中的身份已经从传统媒体的接收者逐渐变成了新媒体传播的重要组成部分。通过学校开设的相关课程或高校开设媒介素养教育相关课程，既有助于构建更加健康、理性和科学的媒介环境，也有助于推动媒介素养教育的发展，提升大学生综合素养和公民素质。对于大学生媒介素养的培养，主要应该从以下几个方面进行。

首先，移动互联网时代，大学生媒介素养主要体现在对信息的选择和利用上。当代大学生有着较高的知识水平、媒介使用能力，能够熟练使用各种媒介工具，在大众人群中一直拥有着信息传播、发布、接收的主动权。他们与大众传媒一样可以随时通过移动互联网和移动媒介发布和接收信息，但同时大学生与大众传媒最大的不同是，大学生缺乏传播信息的专业性，创作能力不高，与网络媒介互动的意愿不强，对媒介影响力判断不清晰，因此，要加强大学生利用网络媒介传播和接收信息的能力。媒介素养教育主要是指帮助大学生树立对媒介的正确需求，运用媒介为自我发展服务，成为媒介正确的使用者、媒介信息合理的发布者，抵消掉大学生盲目的媒介消费，不正确的媒介使用价值观，能主动适应媒介的瞬息万变，对媒介信息发布提出合理意见、建议、批评等，从而对大众传媒的发展产生有利影响。其次，要提高大学生对媒介信息的接收和判断能力。新媒体的平面化、快餐化的文化消费特征决定了使用者的情感体验多于理性思考。当前海量的信息充斥着我们的生活，我们被来自各方面的信息包围，做好对媒介信息的判断和甄别，是媒介素养培养的重要方面。大学生要学会对海量媒介信息进行正确地评估、质疑、选择，培养大学生建设性地使用大众传媒的能力，是媒介素养教育的核心所在。媒介是一种虚拟的信息环境，我们要培养大学生正确认识真实世界与媒介虚拟环境之间的关系，判断媒介信息的正确性和价值性，从而减少不合理媒介信息对大学生主流价值观的影响。此外，要培养大学生更高的媒介使用道德素养，在媒介使用过程中，要依据正确价值思想合法选择、接收和分析媒介信息。再次，移动互联网上的网络虚拟交往成为大学生积极热衷的一种交往形式，网络虚拟交往没有任何门槛，大学生可以随意上网交往，这种交往形式拓展了大学生人际交往的宽度、广度和深度。社会虚拟交往网络的不断拓展，为大学生提供一个广阔的人际交往平台，大学生可以在这个平台上相互学习、相互促进，促使共同成长与发展，虚拟网络交往平台对大学文化建设起到至关重要的作用。而能否将互联网时代网络虚拟交往发展成为一种对大学生来说积极健康向上的交往，关键在于如何使用和利用这个虚拟交往平台，以及如何提高使用者的媒介素养。大学生从移动互联网上获取信息，分析评估信息、参与传播信息的过程，也是大学生个性得以完善、实现个体社会化的过程，这属于大学生媒介素养教育中较高层次的内容。大学生应该以成熟的心态和理性的思维进行信息的选择、发布和使用。

对于大学生媒介素养的培养，学校媒介素养教育是一个重要的培养方式和渠道。但目前，我国大学生媒介素养教育还处于起步阶段，媒介素养教育内容、模式都需要不断发展和更新。首先，我国现有的高校大学生信息媒介素养教育往往与思想政治教育相融合，带有一定的说教和政治化倾向，与当前大学生思维和个性不符合，难以被大学生接受和认可，教育的实效性不好。到目前为止，我国高校还没有完全正规化、系统性的大学生信息媒介素养教育，更没有将学生的信息媒介素养教育纳入到教育体系中去。但我们现在的教育一直在提倡素质教育，提高学生的人文素养和综合能力，培养“专才”与“通才”相结合的人才，这就需要我们要把信息媒介素养教育纳入到高等教育教学体系中。信息媒体素养教育能够培养学生形成积极向上、乐观、健康、阳光的思想意识和审美情趣，通过开阔学生视野来全面提升学生的综合素质。校园媒介环境平台要将学生作为参与主体，发挥学生的主观能动性和参与性，让学生能够真正接触和参与到媒介实践活动中去，通过校园广播、校园电视台、校报、学校网站、网络工作室、校园APP、微信平台等校园媒体，开展各类大学生媒介素养的教育实践活动，让学生在实践中掌握媒介知识和技能，达到全面提升媒介素养的目的。[①] 此外，在移动互联网环境的支持下，移动信息素养教育应该利

① 李琳，陈立．移动互联网时代大学生媒介素养教育现状及培养策略——以成都市部分高校为例［J］．电子科技大学学报（社科版），2017，19（1）：107-112.

用大学生喜闻乐见的方式来宣传媒介素养知识，例如，通过网络影评的方式，在影评中融入人文艺术素质教育以及思想政治教育、道德教育等，可以潜移默化地改变大学生的人生观、世界观等，达到开展大学生媒介素养教育的目的。同理，利用微博、微信公众号等公众平台，传播带有正能量的文章和观念，也是一种开展媒介素养教育的新型模式。其次，媒介素养教育应与时俱进，符合时代要求，注重大学生在移动互联网中的思辨能力和自律能力的培养。媒介素养教育首先应该放手让大学生接触移动互联网。有些高校为了提高大学生上课质量，严禁学生将手机带进课堂，想通过这种强制的方式把大学生注意力从手机中拉回课堂，但是效果并不显著，甚至出现大学生对学校这一规定深恶痛绝，手机使用越来越“猖獗”。其实，移动传播媒介是移动互联网时代发展的必然产物，我们每个人都会成为移动互联网人，每个人都需要具有移动互联网思维，这是一种历史和时代发展的趋势，历史的车轮是滚滚向前的，任何阻挡时代向前的行为都是幼稚的。因此，高校加强大学生信息媒介素养教育，首先就要张开开放的怀抱拥抱先进技术，让大学生积极参与到移动互联网时代中，利用移动互联网技术为自身发展服务。在针对高校大学生移动互联网素养教育中，高校不应该实行“堵”的教育理念，而是应该以“疏”为主，加强大学生对媒介信息的思辨和选择能力。大学媒介素养教育应以课程为基础。开展大学生媒介素养教育课堂体系与多元化教育渠道相结合。大学不能仅仅将大学生素养教育归于思想政治教育之中，更应该把其上升为一种课程体系。完整的课程体系应包括媒介和媒介素养的基本知识、媒介接触行为、媒介选择和利用能力、媒介制作能力、媒介评价和批判能力以及媒介道德等方面。高校将媒介素养课程纳入常规课程体系是培养和提升高校学生媒介素养最成功、最系统、最完备的渠道。高校媒介素养教育目标是要培养学生在媒介环境中的独立思考能力和批判能力。要让学生了解媒介信息形成过程中的各种规则和运作机制，以提高学生对于媒介的认知、分析和批判能力。同时也要向学生广泛宣传与媒体相关的国家政策和法规，帮助学生避免侵犯隐私、传播不良信息、侵犯知识产权等行为。随着信息社会的发展深入和新媒体的不断壮大，对高校学生媒体素养的研究也会不断提出新的要求，媒体素养教育也会被越来越重视和加强，逐渐从零散、不系统的状态走向成熟和体系化教育。

参考文献

[1] (加)马歇尔·麦克卢汉．传播工具新论[M]．叶明德，译．中国高雄：巨流图书公司，2000.

[2] 林德宏．科技哲学十五讲[M]．北京：北京大学出版社，2004.

[3] 匡文波．手机媒介概论[M]．北京：中国人民大学出版社，2006.

[4] 王天意．网络舆论引导与和谐论坛建设[M]．北京：人民出版社，2008.

[5] 刘新生．大学文化建设(上、下)[M]．济南：泰山出版社，2010.

[6] 王智平，李建民．大学文化论[M]．北京：中国社会科学出版社，2009.

[7] 吴满意．网络人际互动：网络实践的社会视野[M]．北京：人民出版社，2015.

[8] 蔡劲松，等．大学文化理论构建与系统设计[M]．北京：文化艺术出版社，2009.

[9] 周晓虹．文化反哺：变迁社会中的代际革命[M]．北京：商务印书馆，2015.

[10] 王学俭，刘强．新媒体与高校思想政治教育[M]．北京：人民出版社，2012.

[11] 孙庆珠．高校校园文化概论[M]．济南：山东大学出版社，2008.

[12] 张德，吴剑平．校园文化与人才培养[M]．北京：清华大学出版社，2001.

[13] 王菁华．论传播技术变迁对社会文化的影响[D]．沈阳：东北大学，2006.

[14] 田静．新媒体环境下大学校园文化建设研究[D]．青岛：青岛理工大学，2016.

[15] 杨雅枭．手机文化的功能分析[D]．沈阳：辽宁大学，2013.

[16] 何中杰．大学文化生态体系的构建及路径研究[D]．广州：暨南大学，2014.

[17] 张绍荣．走进精神场域：信息时代大学文化生态治理研究［D］．重庆：西南大学，2016.
[18] 夏露．论网络文化在中国特色社会主义文化建设中的地位及作用［D］．成都：西华大学，2013.
[19] 盛宏标．基于网络文化背景下的高校校园文化建设研究［D］．长沙：湖南农业大学，2010.
[20] 王心武．泛传播时代的新闻传播伦理道德构建［D］．重庆：西南政法大学，2011.
[21] 李小东．大学校园文化演进及优化路径研究——基于系统论的视角［D］．福州：福建农林大学，2013.
[22] 胡晶晶．新媒体下高校校园文化创新研究［D］．芜湖：安徽工程大学，2013.
[23] 明月．大学校园文化机制及建构研究［D］．武汉：华中师范大学，2011.
[24] 马维启、王瑞红．高校校园网络文化在校园文化建设中的重要作用［J］．云南农业大学学报（社会科学版），2009（10）：53-56.
[25] 李娟．网络文化视阈下的中国大学文化及其建设路径探究［J］．现代远距离教育，2013（1）：67-70.
[26] 金松．网络文化视野中的大学文化生态建设［J］．学校党建与思想教育，2009（11）：38-40.
[27] 张绍荣，张东．信息时代大学文化生态的演进逻辑与治理架构［J］．现代教育管理，2017（4）：6-10.
[28] 郑艳，吕京．网络环境下大学校园生态文化建设［J］．教育与职业，2014（12）：52-53.
[29] 王洪才．大学文化生态困境与出路［J］．河北师范大学学报（教育科学版），2017（1）：39-44.
[30] 杨连生，姜林，陆凯．大学文化生态系统的育人功能［J］．北京教育（高教），2015（8）：82-85.
[31] 王菁华，梁园．网络新文化背景下高校对90后大学生管理工作的探讨［J］．2015（12）：47-49.
[32] 赵君，张瑞．推进高校文化传承与创新的思考［J］．思想政治教育研究，2012（4）：17-20.
[33] 薛波．新媒体视角下高校校园文化的传承与创新［J］．人民论坛，2012（9）：194-195.
[34] 李伟明．论新媒体环境下的校园文化建设［J］．文史论坛，2011（12）：

115-116.

[35] 张等菊．建构技术与人文融合的校园文化:“互联网 +”时代的教育诉求[J]. 重庆高教研究，2017，5（1）：43-46.

[36] 王竹立，等．智能手机与“互联网 +”课堂——信息技术与教学整合的新思维、新路径 [J]. 远程教育杂志，2015（4）：14-21.

[37] 陈辉．浅析新媒体环境下大学校园文化的新特点及对策 [J]. 科技视界，2015（8）：120-121.

[38] 兰新哲，等．从慕课（MOOC）到超慕课（SMOOC）的探索 [J]. 陕西广播电视大学学报，2015，17（1）：5-8.

[39] 王菁华，梁园．传播技术对大学文化的影响 [N]. 光明日报，2017-06-14（11）.

[40] 王菁华．校园“文化反哺”时代教师应何去何从 [N]. 青岛日报，2013-5-11（06）.

后　记

行文至此，我们已经对传播科技变迁所引起的大学文化的变革有了一个大致的认识。文化作为人类独有的精神活动成果，以其丰富多样性和深厚的思想积淀而成为人类发展史中重要的宏大图景。要对这一图景进行全面的审视、把握和分析无疑是非常困难的。文化的产生和发展、变迁与转型、差异与冲突、整合与创新、生产与再生产，都与文化传播紧密关联，文化传播与人类文明共振起伏、互动互进、休戚相关，文化传播拓展了文化时间和文化空间，从而也拓展了人类生命存在的时空形态，本书以传播技术变迁的视角去把握文化，从而也就抓住了文化研究之网的“结点”，抓住了文化研究的关键。

文化传播的实践活动与人类的历史一样古老，人类传播活动经由口语传播时期、印刷媒介时期、电子媒介时代以及数字媒介时代，未来传媒将继续沿着数字化方向不断前行，在大众传播时代来临以前，由于文化居于“政治—文化”格局的从属地位而成为政治权力话语的附属品。随着传播媒介的发展，它对文化的影响越来越大，特别是进入21世纪以来，大众化程度日渐提高的传播媒介已经成为改变文化格局的最主要因素，它在内容和形式上都深刻地影响着现代文化的生成和发展。

21世纪，势不可挡的全球化趋势使大众传媒业面临前所未有的挑战，中国所面临的不仅是传媒业经济形态的巨大冲击，文化领域随着传播手段和内容的更新，其格局也会不断变化。如何在预测和把握传播方面处于一个更加有利的位置，提高传播决策化水平，充分利用现代信息社会的成果，吐故纳新，营造先进大学文化，是当前和今后一个长期而艰巨的任务，所以对这一论题的探讨永远不会结束。

关于这个论题，我在2004年东北大学就读研究生时就开始关注思考，并以此论题完成了硕士毕业论文——《论传播技术变迁对社会文化的影响》，之后我又借助省、市级项目的平台对论题进行了构建、调研和整理。在此过程中我个人的研究方向愈渐清晰明确，研究团队的组建日趋稳定成熟，也撰写发表了一些相关文章。多年的积累使我有机会将这些年的思考和研究通过著书的方式呈现。但由于本身的学术水平和研究能力有限，本书只是从宏观上探讨了传播技术变迁对大学文化生态的影响，在结合中国具体历史背景方面，缺乏更加详尽的论述，对大学文化内涵的研究还需深化，将有待于今后对其进行深刻的探讨。

我很感谢别敦荣教授为本书欣然作序，并看到了传播技术对高等教育的意义和大学文化的影响，对我所选择的论题视角给予了肯定，感谢他的支持认同。青岛理工大学琴岛学院的张明月、孟扬、梁园、刘芳、张磊五位老师协助进行了本书的资料整理工作，在此一并表示感谢。